Annegret Frank

Krabbeln, klecksen, kuscheln

Kindgerechte Praxisideen für den Krippenalltag

Illustrationen von Anne Wöstheinrich

Ökotopia Verlag Münster

Impressum

Autorin   Annegret Frank

Illustratorin Anne Wöstheinrich

Satz   art-applied, Mediengestaltung Jannis Wegmann

ISBN   978-3-86702-219-4

1. Auflage
© 2013 Ökotopia Verlag, Münster

Inhaltsverzeichnis

Ein Plädoyer für das Krippenkind 4

Zur Bildung von Krippenkindern 5
Einfach „nur" Vorbild sein! 5
Die Bezugsperson als Vorbild für das Krippenkind 8
   Die hohe Schule der Körpersprache 8
   Die Neuroplastizität des Gehirns 9
   Die Bezugspersonen als „Basisstationen" auf dem Weg zu einem sicheren Lebensgefühl 10
   Ein organisiertes Umfeld zur Erlangung der Identität 10
   Frühe Bindung – Was ist damit gemeint? 11

Bewegung ins Spiel bringen 13
Viel Spielzeug, wenig Bewegung – Lebenswirklichkeit unserer Kinder 14
   Bewegungsangebote 15

Gutes Körpergefühl über Massagen und Entspannung 37
Was wissen wir – was gibt es zu bedenken? 38
   Der Massage-Koffer 39
   Massage und Entspannungsangebote 40

Sprich mit mir! Spiele und Verse zur Sprachförderung 47
Die Bedeutung des Hörens für den Spracherwerb 48
   Spiele zum Hin-hören 49
   Fingerspiele 63

**Spiele mit Alltagsmaterial
zur Förderung der taktilen und visuellen Wahrnehmung** 70
Weniger ist oft mehr! 71
   Spiel- und Kreativangebote 72

Rituale im Alltag 91
Das Spiel mit der Nähe 92
   Wickelverse 93
   Kniereiterspiele 95
   Verse zur Begrüßung 97
   Verse zu den Mahlzeiten 99
Verse zum Abschied 101
Verse zum Einschlafen 102

Elternbeteiligung 103
Wie gewinnen wir Eltern für unsere Ideen und unser Engagement für ihre Kinder? . . . 104
Das kann „Krippe" leisten – eine persönliche Bestandsaufnahme 106

Anhang
Alphabetisches Register 107
Literaturempfehlungen 108
Die Autorin · Die Illustratorin 109

Ein Plädoyer für das Krippenkind

Krippenkinder vom Babyalter bis drei Jahre sind in den Focus der Interessen gerückt. Mit veränderten Gesellschaftsstrukturen verändern sich auch die Arbeitsbedingungen und Anforderungen für die ErzieherInnen, die jetzt nicht mehr nur bei Kindergartenkindern von drei bis sechs Jahren und Hortkindern, sondern auch bei Krippenkindern vom Babyalter bis zu drei Jahren eingesetzt sind. Die älteren Fachkräfte haben im Rahmen ihrer Ausbildungen diese Altersstufe noch nicht zum Inhalt gehabt. Dem ErzieherInnennachwuchs fehlt es noch an Erfahrung, was die Entwicklung, den Umgang und die Förderung dieser Krippenkinder betrifft.

Bei den pädagogischen Fachkräften sind viele Fragen offen:
- Wie können wir sinnvoll mit den Kleinen arbeiten und jedes Kind adäquat wahrnehmen und mitnehmen?
- Wie schaffen wir in der Krippe einen Rahmen und Strukturen, die dem Kleinkind Orientierung geben, wenn es uns aus der beschützenden Familie anvertraut wird?

Das Vertrauen eines Kindes zu gewinnen ohne gleichzeitig die Bedürfnisse eines anderen zu vernachlässigen, das ist sicher eine große, verantwortungsvolle Aufgabe für jeden Krippenerzieher, jede Krippenerzieherin, die schwer, aber möglich ist, wenn man sich darauf einlässt.

Die Lebensjahre unter drei Jahren sind die wichtigsten in der Entwicklung eines Menschen! Dieses Zeitfenster sollte von allen betreuenden Personen sinnvoll genutzt werden. Bemühen wir uns also den Blick für jedes einzelne Krippenkind zu bewahren und ihm deutlich zu machen:

„Du bist wichtig!"

Dieses Buch soll motivieren, aufklären und helfen, sich in Empathie zu üben, um den Alltag mit den Kleinen zu meistern. Es ist viel einfacher als Sie denken! Die praktischen Anregungen im Buch beweisen es. Geben Sie den Kindern Raum zum Entdecken, Erleben und Erfahren! Seien Sie ihm ein Vorbild und geben Sie ihm Vertrauen und Beständigkeit als Basis für ein selbst gestaltetes, erfülltes Leben.

Viel Freude dabei wünscht Ihnen

Zur Bildung von Krippenkindern

Einfach „nur" Vorbild sein!

Was heißt „Bildung" bei den Krippenkindern. Heißt es, dass kleine Kinder schon früh an das Lesen und Schreiben herangeführt werden sollen? Oder heißt „Bildung" wie im Leistungssport „höher – schneller – weiter"? Oder heißt „Bildung" eher dem Kind „den Boden zu bereiten", dass es mit einem gesunden Selbstvertrauen im Leben stehen und glücklich werden kann?

- Kinder brauchen Erwachsene, die sich in sie einfühlen können und die sie verstehen.
- Sie brauchen Erwachsene, die ihnen die Türen öffnen, damit sie selber hindurch gehen können.
- Sie brauchen Bildung in Form von Vorbildern! Und diese Vorbilder erleben sie als Erstes im

familiären Umfeld, später in der Krippe, dann im Kindergarten und letztlich in der Schule.

Durch unser Vorbild bildet sich ein Kind.

An dieser Stelle werden der hohe Anspruch und die große Verantwortung deutlich, die wir alle als Bezugspersonen von Krippenkindern in der Erziehungsarbeit haben. Die Kleinen können noch nicht verbal mitteilen, was ihnen gefällt und was nicht. Durch unsere empathische Haltung lernen wir ein Kind im Krippenalter verstehen, was es möchte, was ihm gut tut und was ihm Freude macht.

Um die Welt mit den Augen des Kindes zu sehen ...

Wie bedeutsam ist unsere eigene Gefühlswelt für die Entwicklung des Krippenkindes? Was ein Kind hinsichtlich seiner Stellung im zwischenmenschlichen Beziehungssystem in seinem Inneren bewegt, ist die Voraussetzung dafür, sich in die kindliche Seele einfühlen zu können. Man nennt es auch Empathie, die den meisten Erwachsenen längst verlorene Fähigkeit, die Welt mit den Augen des Kindes zu sehen.

... brauchen wir Interesse für die Gefühle der Kinder wie für unsere eigenen.

Denn beides hängt zusammen – die Gefühle der Kinder und die eigenen. Wie können wir die Gefühle der Kinder ernst nehmen, wenn wir unsere eigenen ignorieren? Wir halten oft den Zorn und die Wut des Kindes nicht aus, aber was ist mit dem eigenen Zorn, der Wut und dem Ärger? Fast immer gibt es Verbindungen, fast immer öffnet das Interesse an den eigenen Gefühlen den Zugang zu den Gefühlen des Kindes.

Kinder werden besonders in ihren emotionalen Kontakten von den Vorbildern der Erwachsenen lernen.

Um sich für die Gefühle der Kinder zu interessieren, müssen wir zunächst unsere eigene Vorbildrolle hinterfragen. Wer die Traurigkeit der eigenen Tochter übersieht, übersieht auch häufig die eigene Trauer. Wen die Scham des Halbwüchsigen nervt, den nervt auch die eigene Scham und vielleicht nerven auch die eigenen Erfahrungen mit Beschämung.

Kinder haben feine „Antennen" für Stimmungen und Gefühle.

Sie nehmen sie auf und verinnerlichen sie. Daran sollten wir Erwachsenen uns immer wieder gegenseitig erinnern. Wir sollten nicht nach einer Form der Perfektion streben, denn das würde uns und unsere Kinder überfordern. Aber wir sollten authentisch sein, denn Kinder spüren sehr genau, ob wir uns verstellen oder ob wir ehrlich sind.

Wer in der Kindheit Vertrauen aufbauen konnte, hat auch den Mut etwas Neues anzufangen. Mut und Vertrauen bedingen sich. Wir sollten die Regungen ernst nehmen, die im intensiven Kontakt mit den Kindern in uns mitschwingend entstehen. Erwachsene, die sich in einer konkreten Situation im Umgang mit einem Kind hilflos fühlen, spiegeln damit auch oft die Hilflosigkeit des Kindes wieder. Das muss nicht unbedingt so sein, aber es lohnt sich, dieser Spur nachzugehen, Vermutungen auszusprechen und zu hinterfragen.

Kinder brauchen lebendige Vorbilder.

„Vorbild" zu sein heißt nicht, ein „Denkmal" für bestimmte Werte und Verhaltensweisen zu sein. Wir Erwachsene brauchen den Mut, Vorbilder mit Ecken und Kanten zu sein.

Kinder brauchen uns auch im Spiel als Vorbild.

Kinder erschließen sich ihre Welt durch Spielen. Wir sind vorbildlich, wenn wir spielerisch an Gefühle herangehen und mit ihnen emotional umgehen. Kinder lernen durch das spielerische Ausprobieren, über das Experimentieren. Mittun heißt, die Erlebnisse der Kinder aufgreifen, sie in Form von Rollenspielen oder Tischtheater nachspielen. Gerade die ersten Erlebnisse und Erfahrungen im Alltag eines Krippenkindes bekommen durch das Nachspielen eine besondere Bedeutung und tragen dazu bei, dass das kleine Kind seine Erlebniswelt besser verstehen lernt.

Wir brauchen die Bereitschaft „weich" zu sein oder zu werden, wenn wir unsere Krippenkinder positiv ins Leben begleiten wollen.

Wir Erwachsenen verhärten oft uns selbst und den Kindern gegenüber. Dieses Verhalten beruht vielleicht auf einem unterschiedlichen Zeiterleben, auf Ängsten, Hilflosigkeit oder Einsamkeit.
Um sich selbst zu öffnen und achtsam zu werden, bedarf es oft eines Innehaltens für das, was gefühlt wird und gefühlt werden möchte. Manchmal reicht schon ein „beiseite treten", zu „lassen" und „von der Seite" drauf zu schauen. So können wir „weich werden" und die kindliche Spielfreude bewusst in uns aufnehmen.
Vergleichen wir uns mit der Saite eines Instruments: Ist sie in Hochspannung, dann kann sie nicht mehr klingen. Wenn sie trotzdem zum Schwingen gebracht wird, dann kann sie reißen. Die Spannung muss ein wenig nachlassen, damit die Töne wieder klingen können. Ein wichtiger Schritt, mit unseren Gefühlen besser umgehen zu können, besteht darin, „weicher" zu werden. Dann haben wir bereits als Vorbild einen Teil zur positiven Entwicklung der Kinder beigetragen.

Die Bezugsperson als Vorbild für das Krippenkind

*„Was nicht in die Wurzeln gegeben wird,
das kann nicht in die Krone gelangen."*

(afrikanische Weisheit)

Die hohe Schule der Körpersprache

Haben Sie schon einmal ein 1½ -jähriges Kind intensiv beobachtet, wenn Sie sich selbst oder ein anderer sich mit ihm beschäftigen? Bewegungen, Mimik und Handlungen werden unaufhörlich **gespiegelt**. Ob Sie wollen oder nicht: Sie sind als direkte, aktuelle Bezugsperson das **„Vorbild"** für das Kind, das Sie in verblüffender Weise nachzuahmen versucht. Die „hohe Schule der Körpersprache" wird in diesem Alter vom Kind verstanden und intuitiv unnachahmlich umgesetzt!

Die Neuroplastizität des Gehirns
– wie das Gehirn arbeitet –

Das Neuron ist die Grundeinheit des Nervensystems. Jeder Mensch besitzt im Durchschnitt 12 Milliarden Neuronen.

Jedes Neuron besteht aus einem Zellkörper und einer Faser, die sich in zahlreiche Äste aufteilt. Von denen trennen sich wiederum kleinere Fasern ähnlich wie Äste und Zweige ab. Manche dieser „Zweige" eines Neurons haben wiederum Kontakt zu anderen Neuronen. Die meisten Fasern haben Tausende von Zweigen, die die Herstellung von Verbindungen zu tausenden Neuronen untereinander herstellen.

Die Signale, die auf diese Art weitergegeben werden, pflanzen sich in jedem Neuron in nur einer Richtung fort. Impulse können auch zurück kommen und in dem ersten Neuron Rückwirkungen auslösen. Nervenfasern übertragen Hunderte von Impulsen pro Sekunde. Diese Impulse verzweigen sich und fließen in viele Richtungen gleichzeitig.

Ordnung in diese Aktivität zu bringen, ist ein wahres Kunststück.

Das Gehirn bringt diesbezüglich eine enorme Leistung. In der Hirnrinde wird diese komplexe Informationsverarbeitung erbracht. Bis zu 3000 Dornen befinden sich an einer Nervenzelle. In den Gehirnarealen sind mehr oder weniger komplexe Nervenansammlungen, wo Vernetzungen (Verschaltungen oder auch „Synapsen" genannt) hergestellt werden.

Ein Krippenkind lernt schon durch das bloße Zuschauen. Dabei werden die von den Neurologen als „Spiegelneuronen" bezeichneten Nervenzellen im Gehirn aktiviert. Wenn wir einer anderen Person zuschauen, wie sie sich bewegt, schalten wir dieselben Neuronen im Gehirn an. Wir sind also im Kopf gleich aktiv wie die Person, die wir beobachten.

Bei der Geburt hat ein Kind einen vollständigen Satz an Nervenzellen. Mit 3–5 Monaten findet die **Aussprossung** statt und mit 15–36 Monaten die **Organisation**. Hier wird die Bedeutsamkeit der Entwicklung in diesem Stadium deutlich. Das Gehirn braucht einen breiten Kontex. Das heißt, dass das Kind in dieser Zeit breitgefächerte Erfahrungen machen muss, gleichzeitig aber nicht mit zu viel Reizen überschwemmt werden darf. Es kann angeleitet werden, aber wir Erwachsenen dürfen nicht die Richtung vorgeben.

Die Zellen im Gehirn brauchen die **organisierte Auseinandersetzung mit der Umwelt**, damit sich Strukturen richtig aufbauen können. Daraus folgert die **Aufmerksamkeitssteuerung**, die bei einer gesunden Entwicklung vom Kind individuell gesteuert wird.

Das komplizierte Netzwerk stellt die Voraussetzungen für die spätere Lernfähigkeit und unser Verhalten dar.

Die Bezugspersonen als „Basisstationen" auf dem Weg zu einem sicheren Lebensgefühl

Kinder lernen durch vielseitiges Ausprobieren, Nachahmen und Wiederholen, bis sie die entsprechenden Informationen dauerhaft im Gehirn abgespeichert haben. Die Eltern und andere vorrangige Bezugspersonen wie z. B. die KrippenerzieherInnen sind sozusagen die **Basisstationen** im Hintergrund. Kinder werden selbst aktiv, wenn wir Erwachsenen lernen, uns zurückzunehmen, sie nicht zu reglementieren und ihnen Raum für ihre Entdeckungsreisen zu geben.

Kinder müssen erleben, dass sie Dinge beeinflussen können. Sie müssen ermutigt werden, Erfahrungen zu machen! Diese werden dann im Frontalhirn in Form komplexer neuronaler Verschaltungsmuster verankert. Sie haben innere Haltungen zur Folge. Dese wiederum lenken, wie wir später wahrnehmen und wie wir handeln. Das ist dieses sichere Lebensgefühl, das uns später dazu verhilft, uns das Gefühl zu geben, schwierigen Aufgaben gewachsen zu sein.

Kinder, die „überbehütet" werden, erlangen dieses sichere Lebensgefühl nicht oder nur schwer. Wenn der Erwachsene ein Kind nicht aus den Augen lässt, es ständig kontrolliert, immer meint zu wissen, was für das Kind gut ist und es mit Liebe und körperlicher Nähe überschüttet, ohne darauf zu achten, ob das Kind das auch will, kann er ihm eher schaden. Einem älter werdenden Kind muss die Chance gegeben werden, **wichtige Fähigkeiten selbstständig und alleine zu lernen**, um sich unabhängig zu machen und nicht ständig auf „Bemutterung" angewiesen zu sein.

Bis ein Kind **selbst-sicher** wird, ist es also noch ein langer Weg, der auf vielfältige Weise von der Umwelt beeinflusst wird, aber letztlich vom Kind **aus eigener Kraft** erbracht werden muss!

Ein organisiertes Umfeld zur Erlangung der Identität

Ein ca. 1½-jähriges Krippenkind braucht sein organisiertes Umfeld mit festen Bezugspersonen und immer gleichen Ritualen als sicheres Fundament für eine gesunde Entwicklung!

Beobachten Sie ein Kind dieser Altersstufe, wenn es in einen für es bekannten Raum kommt und in aller Ruhe „seine Stationen" abgeht, ob alles ihm Bekannte an „seinem Platz" ist. In der Kita z. B. sein Kleiderhaken mit Bild, das Hausschuhfach, die Puppenecke und Bauecke im Gruppenraum, der Frühstückstisch, die Malecke ...

Im Spielzimmer zu Hause sind es vielleicht sein Stühlchen, der Spieltisch, das Schaukelpferd, die Puppenkarre ... In diesem organisierten Umfeld hat es Sicherheit und kann gemeinsam mit der ihr vertrauten Bezugsperson die Welt erobern. Diese Entwicklungsphase hat eine große Bedeutung für die Erlangung der Identität des Kindes.

Klare Regeln, sinnvolle Grenzen und konsequentes Erziehungsverhalten vermitteln dem Kind außerdem stabile Werte, die ihm Orientierung geben. Wenn ein Kind gelernt hat selbst zwischen „richtig" und „falsch", zwischen „gut" und „böse" zu unterscheiden, dann ist es im späteren Leben weitgehend vor Verunsicherungen geschützt. Wenn außerdem Geborgenheit, Liebe und Respekt als wichtige Grundbedürfnisse in den ersten Lebensjahren erfüllt wurden, dann sind lebenswichtige Überzeugungen gewonnen, die ein Kind sicher durchs Leben leiten.

Frühe Bindung – was ist damit gemeint?

Inwiefern ist die Qualität der mütterlichen Zuwendung oder die weiterer primärer Bezugspersonen wegweisend dafür, wie das Baby mit den eigenen Gefühlen umzugehen lernt?

Babys können ihre Affekte noch nicht selbst regulieren. Wenn Mutter und Kind eine gute Kommunikation haben, dann kann sie die Bedürfnisse und Gefühle ihres Kindes lesen und entsprechend regulieren. Zum Beispiel, wenn das Baby weint, beruhigt sie es und nimmt es so aus seinem negativen Zustand heraus, um zur Ruhe zu kommen. Mithilfe der Mutter lernt es so Schritt für Schritt, die eigenen Gefühle zu regulieren. Und es lernt **nonverbale Kommunikation**, d. h. **Empathie** empfinden zu können, eine wichtige Fähigkeit für sein weiteres Leben! Inzwischen weiß man aber auch, dass die Mutter nicht nur die Gefühle ihres Babys reguliert, sondern auch dessen Hirnentwicklung und Körperfunktionen prägt.

Beeinflussung von Gehirnverschaltungen in den ersten Lebensmonaten

Zunächst bauen alle Babys eine Bindungsbeziehung zur primären Bezugsperson, der Mutter, auf, die somit das „Überleben" sichert. Da das Gehirn vor allem nach der Geburt heranreift, prägt die Bindungsbeziehung auch den Aufbau der Schaltkreise im Gehirn – insbesondere den des gefühlsverarbeitenden „Limbischen Systems" und den der Stressregulierung.

Die Muster der neuronalen Verbindungen im kindlichen Gehirn sind im weitesten Sinne ein Spiegelbild der mütterlichen Gefühlsregulation. Also beeinflusst die Bindungsbeziehung nicht nur – wie früher gedacht wurde – Verhalten und Kognition des heranreifenden Babys, sondern auch dessen Gehirnverschaltungen.

Von diesen Prägungen ist besonders die emotionsverarbeitende rechte Hirnhälfte des Babys betroffen. Diese rechte Hirnhälfte erlebt seinen stärksten Wachstumsschub zwischen Ende des dritten Schwangerschaftstrimesters und dem zweiten Lebensjahr des Babys. Die linke Hirnhälfte fängt erst im Laufe des zweiten Lebensjahres an richtig zu wachsen. Die emotionale Kommunikation zwischen Mutter und Baby geschieht weitgehend unbewusst und intuitiv. Sie ist der Schlüssel für die mütterliche Sensibilität für das Baby.

Die meisten Mütter oder andere primäre Bezugspersonen pflegen intuitiv einen guten emotionalen Umgang mit ihrem Baby. Das Ziel dieser Beziehung ist nicht die permanente Übereinstimmung, im Gegenteil: Zwischen der Bezugsperson und dem Baby kann es auch Momente der Dissonanz geben, Situationen, wo die Mutter ihr Kind vielleicht nicht versteht, nicht weiß, was es will. Dann muss sie das Baby aus dieser negativen Stimmung herausführen und sich gegenseitig wieder in Einklang bringen, eine sehr wichtige Aktion! Mangelnde Übereinstimmung spielt nicht so sehr eine Rolle wie die Abwesenheit. Kinder müssen nicht nur lernen, mit Gefühlen von Freude und Aufregung klar zu kommen, sondern auch mit Gefühlen von Trauer und Scham.

Aus der Neurobiologie wissen wir heute, dass im ersten Lebensjahr im Gehirn die Myelinummantelung der Nervenfasern entsteht, eine Art Isolierschicht, die für die Weiterleitung der elektrischen Impulse an andere Nervenzellen sorgt. Und es findet auch jede Menge Synapstogenese statt, die Bildung neuer Nervenzellen an einer Synapse (Verschaltung von Nervenbahnen).

Wenn das Baby aber Angst erlebt oder oft alleine gelassen wird, schüttet das kindliche Gehirn Stresshormone aus. Diese hemmen die Bildung neuer Nervenfasern und die Nervenbahnen innerhalb des Limbischen Systems verengen. Also sterben Nervenzellen ab, obwohl sich das kindliche Gehirn in einem rasanten Wachstum befindet. Die traumatischen Bindungserfahrungen werden so regelrecht in die Schaltkreise des Gehirns „eingebrannt". Außerdem gehen sie in das somatische (körperliche) und vegetative Nervensystem über. Wenn das Baby also in dieser Phase eine positive Stressregulation erlebt, wird diese lebenslang beibehalten.

Aus der analytischen Entwicklungspsychologie genauso wie in Übereinstimmung mit den neuesten Gehirnforschungen wissen wir, dass der Mangel an elterlicher Souveränität und bestimmender Sicherheit die Entfaltung von Körpergefühl, Sprache und Selbstbewusstsein behindert und die Kinder schon in frühem Alter unruhig und lustlos macht.

Zusammenfassend kann festgestellt werden, dass der Fötus schon im Mutterleib erste Prägungen erlebt. Und auch die Gene an sich werden nach der Geburt von der Qualität der Bindungsbeziehung geprägt.

In der Bindungsbeziehung kommen also die psychobiologischen Prädispositionen des Babys und die Beziehung zwischen primärer Bezugsperson und Baby zusammen. Der Mensch gilt als ganzheitliches Wesen.

Eine wichtige Rolle spielt auch, was wir außerhalb unseres Elternhauses erlebt haben, welchen Menschen wir begegneten, die uns ein Vorbild waren, die an uns glaubten und uns förderten.

Auch in unserem späteren Leben können positive Beziehungserfahrungen die früh zugefügten Wunden verheilen lassen. Neueste Erkenntnisse in der Hirnforschung bestätigen das.

Bis ins hohe Alter sind Struktur und Funktion unseres Gehirns durch **Erfahrungen, Verhalten und Lernen** veränderbar. Erleben wir später im Leben ein positiveres Beziehungsmodell als in der eigenen Herkunftsfamilie, können diese neuen Erfahrungen unser Selbstwertgefühl stärken und unser Leben zum Positiven verändern.

Bewegung ins Spiel bringen

Viel Spielzeug – wenig Bewegung: Lebenswirklichkeit unserer Kinder

Spiel und Bewegung sind ganz elementare kindliche Betätigungs- und Ausdrucksformen. Spielen zu lernen und zu können, ist eine Notwendigkeit für die ganzheitliche Entwicklung im Kindesalter.

Kinder brauchen
- Orte und Spielgelegenheiten, um sich auf ihre Art mit sich selbst und mit ihrer sozialen Umwelt auseinandersetzen zu können.
- Freiräume für eigene Entdeckungen und eigenverantwortliches Handeln,
- Flächen, Nischen und Ecken, die sie selbst spielerisch gestalten können, ohne dem ständigen Zugriff der Erwachsenen ausgesetzt zu sein.

Durch Bewegung erfahren Kinder etwas über ihre eigene Körperlichkeit. Kinder erfahren schon früh, dass die Bewegung hilft, bestimmte Dinge zu erreichen, durchzusetzen und herzustellen, gleich ob es ums Klettern, Laufen, Tragen, Springen ... geht. Bei Bewegungsspielen tritt das Kind mit anderen in Kontakt. Es muss sich mit anderen absprechen, nachgeben oder durchsetzen. Bewegung bedeutet immer, selbst etwas mit dem eigenen Körper hervorzubringen und herzustellen. Dabei werden Empfindungen wie Lust und Freude in Bewegungen ausgedrückt und bis zur Erschöpfung körperlich ausgelebt.

Bewegung bedeutet für Kinder auch stets das Kennenlernen und Erschließen der räumlichen Umwelt und das Erfassen von Objekten, Medien und Materialien, mit denen sie spielen. Die Kinder ertragen Belastungen und lernen ihre körperlichen Grenzen kennen. Sie wetteifern im Spiel, vergleichen sich mit anderen und lernen dabei sowohl Siege als auch Niederlagen zu verarbeiten.

Bewegungsangebote

Affenschaukel

Geschaukelt werden – das ist die erste Basiswahrnehmung, die Babys im Mutterleib in der Fruchtblase wahrnehmen, und es ist genau das, was sie auch als kleine und später auch große Kinder immer wieder mit viel Freude und meist lautem Jauchzen erleben.

Alter: ab ca. 1 Jahr
Material: 1 Wolldecke oder leichte Turnmatte

Zwei Erwachsene oder große Schulkinder fassen die beiden Enden einer Wolldecke fest an und senken sie dann auf den Boden, damit das kleine Kind sich bequem darauf legen kann. Nun heben sie die Decke vorsichtig an und schaukeln sachte.

Achten Sie auf die Reaktionen des Kindes! Manche Kinder verarbeiten diese vestibulären (Gleichgewichts-) Reize langsamer als andere. Erst, wenn Sie spüren, dass das schaukelnde Kind die Aktion genießt, bewegen Sie die Decke stärker hin und her. Eine Pause lässt das Kind dann wieder zur Ruhe kommen.

Schön ist es, wenn zu dem Schaukeln ein kleiner Vers gesprochen wird, der den Kindern Orientierung gibt und gleichzeitig die Sprachmelodie über die Bewegungen fördert.

Vers:

Affenschaukel hin und her,
schaukeln das ist gar nicht schwer.
Schaukel vor und auch zurück,
hin und her ein gutes Stück.
Mit dem Schaukeln ist jetzt Schluss,
weil jeder sich nun ausruhen muss.

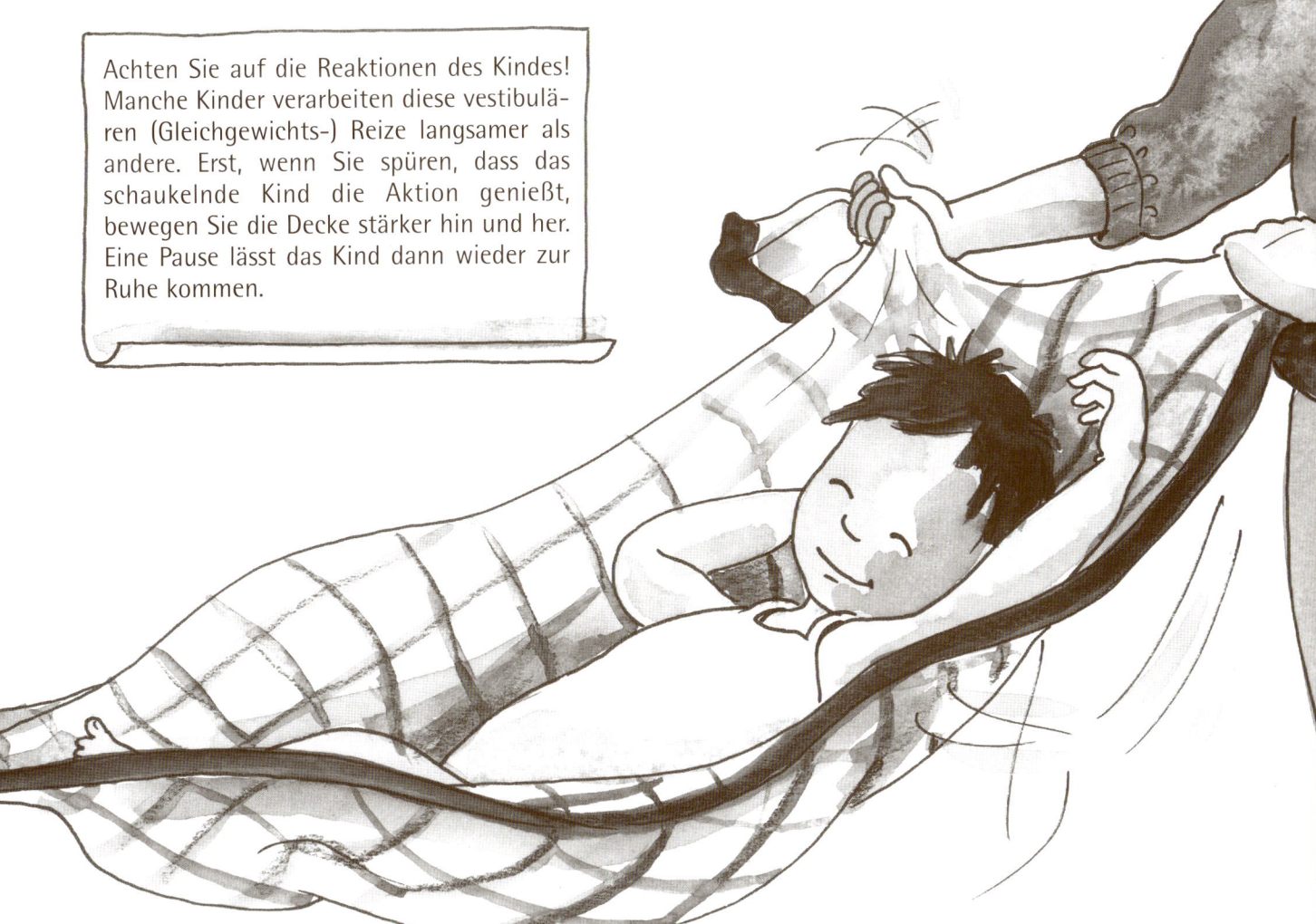

Seht mal her, das hier bin ich

Ein Bewegungsspiel in Versform zur Bewusstmachung der einzelnen Körperteile

Mit zunehmendem Alter lerne ich nicht nur meine Fähigkeiten und Möglichkeiten, was ich mit mir und meinem Körper machen kann, sondern ich erkenne mich auch mehr und mehr als eigenständige Person, ich erkenne mein „ICH": Ich muss mich selbst mögen, um mich akzeptieren zu können wie ich bin, ein langer Lernprozess. Dieses Bewegungsspiel – gemeinsam mit der Gruppe gespielt oder mit Mama, Papa oder ErzieherIn in der Zweiersituation – soll dem Kind bewusst machen: „Seht mal her, das hier bin Ich!"

Alter: ab 1½ Jahren

Die Gruppe steht oder sitzt im Kreis. (Es können sich auch zwei Kinder gegenüber sitzen oder ein Erwachsener und ein Kind, also paarweise). Der Text des Bewegungsspiels wird langsam gesprochen, und dabei zeigt jeder auf die angesagten Körperteile und macht dazu die entsprechenden Bewegungen.

Refrain

Seht mal her, das hier bin ich,
    Auf sich selbst zeigen.
wie ich bin, so mag ich mich.
    Sich selbst in die Arme nehmen: die Arme vor der Brust kreuzen und dann die Hände auf die gegenüber liegende Schulter legen.

Ich mag mich mit den Struwwelhaaren,
    Auf die Haare zeigen und sie lang ziehen.
mit meinen Augen, Nase, Mund.
    Mit dem Zeigefinger auf die Augen, die Nase und den Mund zeigen.
Ich mag mich mit den großen Ohren
    Beide Ohren anfassen.
und dem Gesicht, das ist ganz rund.
    Einen Kreis um den Kopf beschreiben.

Seht mal her, das hier bin ich.
Wie ich bin, so mag ich mich.
    (wie oben)

Ich mag mich mit dem langen Körper
    Mit den Händen rechts und links am Körper entlang fahren
und meinem dicken Trommelbauch.
    Mit den Fäusten auf den Bauch trommeln
Ich mag die Hände mit 10 Fingern,
    Alle zehn Finger in der Luft bewegen.
die kitzeln können, die mag ich auch.
    Den Nachbarn kitzeln.

Seht mal her, das hier bin ich.
Wie ich bin, so mag ich mich.
    (wie oben)

Ich mag mich mit den langen Beinen
    Mit den Händen auf dem rechten und linken Bein entlang fahren.
und meinen Füßen unten dran.
    Über die Füße streichen.
Die können um die Wette rennen,
ein jeder tut das, der es kann.
    Aufstehen und auf der Stelle laufen.

Seht mal her, das hier bin ich.
Wie ich bin, so mag ich mich.
    (wie oben)

Wo seid ihr?

Kleine Kinder lieben es, sich zu verstecken. Während sie sich anfangs nur die Augen zuhalten und meinen, niemand sieht sie mehr, verstecken sie sich später „richtig", allerdings eine ganze zeitlang immer und immer wieder an der selben Stelle ... Die Freude ist groß, wenn der Erwachsene „lange" braucht, um das Kind zu finden, und wenn es dann „endlich" entdeckt wird.

Alter: ab 1½ Jahren
Material: evtl. Handtrommel

Die Kinder laufen durch den Raum (Turnraum, Gruppenraum oder zu Hause durch die Wohnung). Dabei kann ein Vers gesprochen und eventuell rhythmisch mit einer Trommel begleitet werden.

Wir laufen, wir hüpfen,
wir laufen hin und her ...,
dann suchen wir uns ein Versteck,
nun sieht uns keiner mehr.
    Alle Kinder suchen sich ein Versteck.

Dann geht die Spielleitung durch den Raum und spricht (eventuell wieder rhythmisch mit der Handtrommel begleitet):

Wo seid ihr nur, wo seid ihr nur?
Ich kann euch gar nicht sehen.
Wo seid ihr nur, wo seid ihr nur?
Jetzt soll es weiter gehen!

Die Spielleitung findet die Kinder im Versteck, schlägt drei Mal auf die Handtrommel und fängt von vorne an:

Wir laufen, wir hüpfen ...

Hinweis:
Kleine Kinder lieben die Wiederholungen. Alle haben eine Zeit, wo sie dieses Spiel endlos lange und immer wieder spielen wollen. Es wird ihnen nicht langweilig, auch wenn wir Erwachsenen schon keine Lust mehr dazu haben. Bleiben Sie geduldig!

Berg- und Talfahrt

Kleine Kinder lieben es, ihren Körper auszuprobieren und ihn dabei kennen zu lernen. Sind im Turnraum oder auch in der Familie genügend Isomatten, Decken, Turnmatten oder auch ein Weichboden vorhanden, können wir den Kindern einen tollen Krabbelparcours aufbauen, an dem sie ihre Kräfte und ihr Körpergeschick ausprobieren können. Und da er fast ebenerdig ist, ist die ganze „Rallye" auch noch verletzungssicher!

Alter: ab ca. 1½ Jahren
Material: diverse Matten (Isomatten, Turnmatten, Decken, evtl. Weichboden), wenn vorhanden Gymnastikbälle, Seile oder Bindfaden

Bevor die „Berg- und Talfahrt" der Kleinen beginnen kann, müssen die Großen einige Vorbereitungen treffen: Die Decken und Isomatten müssen sie zusammenrollen, dann fest mit Seilen oder Bindfaden zubinden und anschließend in kurzen Abständen hintereinander auslegen. Darauf die Wolldecken ausbreiten. Steht ein Weichboden zur Verfügung, kann dieser zur Fortführung der „Berg- und Talfahrt" mit festen Gymnastikbällen unterlegt werden, die dann mit dem Boden einen wackeligen Untergrund ergeben.

Nun können die Kinder ihre „Berg- und Talfahrt" starten.

Geben Sie den Kindern besonders beim ersten Durchgang viel Zeit, sich individuell auszuprobieren, da schon Mut und Körpergeschicklichkeit sowie ein gutes Gleichgewichtsgefühl gefordert sind. Halten Sie die Gruppe, die den Parcours erstmalig ausprobiert, deshalb möglichst klein.

Töff, töff, ein Auto kommt

Autos lernen Kinder bereits sehr früh kennen. Diese Autos im gemeinsamen Spiel nachzuahmen und in Bewegungen umzusetzen, ist für alle kleinen Kinder ein Riesenspaß!

Alter: ab ca. 1½ Jahren

Alle Kinder laufen (fahren) nach eigenen Möglichkeiten frei durch den Raum und halten in den Händen ein imaginäres Lenkrad, das sie hin und her drehen.

Töff, töff, ein Auto kommt,
töff, töff, ein Auto kommt.
Ein Auto kommt, ein Auto kommt,
töff, töff, das Auto hält.
    (alle Kinder bleiben stehen)

Fährt langsam wie ne Schnecke,
    (ganz langsam fahren)
dann saust es um die Ecke!
    (eine schnelle Kurve fahren)
Ein Auto kommt, ein Auto kommt.
    (Wieder geradeaus fahren)
Töff, töff, das Auto hält.
    (alle Kinder bleiben stehen)

Varianten im Text:

Brumm, brumm, ein Trecker kommt ...
Knatter, knatter, ein Moped kommt ...
Klingling, ein Fahrrad kommt ...

Variationen in der Umsetzung

... mit Schwungtuch

Setzen Sie das Lied mit einer Krippengruppe um, können alle den Rand eines Schwungtuches anfassen, das ein Wagenrad darstellen soll. Dann geht die Gruppe in eine Richtung und singt oder spricht dabei. Ist das Spiel zu Ende, fassen alle das Schwungtuch mit der anderen Hand an und wiederholen das Spiel mit entsprechenden Bewegungen und Tempi.

> Dabei wird das Umschalten von der rechten zur linken und von der linken zur rechten Gehirnhälfte gefördert. Vor 2 Jahren ist diese gemeinsame Aktion nur mit mehreren Erwachsenen zur Unterstützung möglich.

... mit Karre oder Kinderwagen (ab 1 Jahr)

Fahren Sie mit Ihrem Kind in der Karre oder im Kinderwagen spazieren, können Sie den Text sprechen oder singen und dabei die entsprechenden Bewegungen (schnell, langsam oder um die Ecke fahren und plötzlich anhalten) nachahmen. Das Lachen des Kindes oder ein begeistertes „Mal!" beweist den Spaß, den es dabei hat.

Wie ein kleiner Gummiball

Wie ein Gummiball zu hüpfen, macht nicht nur Freude, sondern fördert außerdem die Koordination und das Gleichgewicht.

Alter: ab ca. 1½ Jahren
Material: 1 ausrangierte Federkernmatratze (Trampolin, Weichbodenmatte)

Das Kind hüpft auf der Matratze und dabei wird nachfolgender Vers rhythmisch zum Hüpfen des Kindes gesprochen:

Vers:

Wie ein kleiner Gummiball
hüpft der/die ... (Name des Kindes) überall,
er (sie) springt hin, er (sie) springt her,
oh, jetzt kann er (sie) gar nicht mehr!

> Bei jungen Kindern, die noch um ihr Gleichgewicht ringen, sollten Sie dem Kind Ihre Hände als Hilfestellung anbieten.

Rollen, robben, rutschen, rennen ... Was das ist? Du lernst es kennen!

Die Basisförderung gehört zu den elementarsten Dingen, die wir in den ersten Jahren der Entwicklung berücksichtigen müssen. Deshalb ist es ernorm wichtig, den Krippenkindern Raum und Möglichkeiten zu geben, sich auszuprobieren, ohne Einschränkungen und ängstliche Begleitung des Erwachsenen. Beim freien Experimentieren mit Materialien hat das Kind die Chance, sich individuell nach seinem aktuellen Entwicklungsstand auszuprobieren, zu lernen, um sich adäquat weiterentwickeln zu können. Mit den gleichaltrigen Spielgefährten macht das noch mal so viel Spaß!

Alter: ab ca. 1½ Jahren

Ideensammlung:

Passen Sie einzelne Ideen individuell dem aktuellen Entwicklungsstand der Kinder an und steigern Sie den Schwierigkeitsgrad langsam!

- Die Kinder laufen, gehen, rennen in verschiedenen **Bewegungsformen** durch den Raum und ahmen dabei unterschiedliche Tiere nach: Hasen, Pferde, Elefanten, Löwen, Hunde, Katzen, Vögel, Frösche o. Ä. (der Erwachsene dient evtl. als Vorbild)
- Eine **Schräge** (aus Kasten und Weichboden auf 2 Leitern gelegt und an beiden Seiten mit Seilen befestigt) herunter rutschen auf dem Po, dem Rücken, dem Bauch. Später die Schräge von der anderen Seite hoch krabbeln, danach eventuell hoch laufen.
- Als **„Baumstamm"** (lang ausgestreckter Körper – 2 Erwachsene fassen an den Seiten jeweils die ausgestreckten Arme an den Händen bzw. die ausgestreckten Beine an den Füßen an) auf Turnmatten rollen oder von der Schräge des Kastens (mit einem Weichboden) – siehe folgenden Vers zum „Baumstamm"-Rollen.

Baumstamm rollen, Baumstamm rollen,
auf der Erde wie wir wollen.
Jeder rollt so wie ein Stamm,
rollt, bis er dann nicht mehr kann.

Unterstützend drehen die zwei Erwachsenen den „Baumstamm", das Kind, beim Rollen an den Armen bzw. Füßen haltend, damit die gestreckte Körperhaltung beibehalten wird. Nach mehrmaligem Wiederholen ist das nicht mehr erforderlich.

- Über eine **„Straße"** aus Teppichfliesen in verschiedenen Bewegungsformen gehen, laufen, krabbeln ...
- Einen kleinen **Weichboden** hochkant aufstellen. Gemeinsam **kippen** die Kinder ihn und werfen sich gleichzeitig darauf – Schwerkraftwahrnehmung – bei den Kleinsten zusammen mit einem Erwachsenen!
- In verschiedenen Bewegungsformen über die **Langbank** gehen, krabbeln, kriechen usw.
- Durch den Raum **über aufgestellte Hindernisse gehen**, laufen, hüpfen usw. oder drum herum gehen, laufen ... (z. B. große bunte Schaumstoffblöcke, einfarbige Schaumstoffteile, große bunte Hütchen)
- Über eine **Matte**, die über eine **Langbank** gelegt ist, kriechen, krabbeln und rutschen

- Der Erwachsene legt ein Kind auf eine **kleine Gymnastikmatte** (oder auf eine kleine Decke), nimmt zwei Enden der Matte (Decke) und zieht das Kind durch den Raum. Evtl. können auch schon zwei Kinder ein drittes ziehen.
- **„Möhren ziehen":** Die Kinder liegen bäuchlings im Kreis mit dem Gesicht zur Mitte und fassen sich an den Händen an. Sie sind die „Möhren". Der Bauer (Spielleitung) versucht dann die Möhren nacheinander aus der Erde (dem Kreis) an den Füßen herauszuziehen. Gelingt ihm das, muss dieses Kind mithelfen, eine andere „Möhre" aus der Erde zu ziehen. Das Spiel geht so lange, bis die letzten zwei „Möhren" auseinander gezogen wurden. (Alter: nicht vor 2½ Jahren)

Hinweise:

- Lassen Sie die Kinder möglichst individuell und ohne Vorgaben die verschiedenen Bewegungsformen ausprobieren.
- Die Höhe des Turnkastens für die Schräge dem Entwicklungsstand der Kinder anpassen und rundherum mit Matten absichern.
- Das gilt grundsätzlich für alle Turngeräte, um Unfälle zu vermeiden. Lieber eine Matte mehr als eine zu wenig hinlegen!
- Begleiten Sie das Tun der Kinder durch kurze, erzählte Geschichten. z. B. wenn eine Seerobbe nachgeahmt wird, erzählen Sie, dass sie im Wasser schwimmt und seine Mutter sucht. Wenn ein Löwe krabbelt, sucht dieser gerade seine Beute, sein Mittagessen, das er fressen will ... usw.
- Auch Bewegungselemente mit Versen zu begleiten, fördert gleichzeitig die Sprachentwicklung.
- Ist keine eigene Kreativität bei den Kindern zu erkennen, evtl. als „Vorbild" fungieren und die Kinder nachmachen lassen.

Hinweis:
Nachfolgende Dinge sind zur Planung und Umsetzung einer Turnstunde mit kleinen Kissen zu bedenken:
- Die Altersstufe und der individuelle Entwicklungsstand der einzelnen Kinder ist unbedingt zu berücksichtigen!
- Weniger ist oft mehr! Suchen Sie sich im Vorfeld einige wenige Spielideen aus, die Sie mit den Kindern umsetzen möchten. Die Konzentrationsspanne ist im Krippenalter noch sehr gering.
- So viel wie möglich den Kindern Raum zum Experimentieren geben! Erst ganz allmählich zum gemeinsamen Spiel hinführen (Vielleicht eine Spielidee als Gruppe geschlossen umsetzen und nach und nach steigern).
- Jedes Kind soll nach seinen Ideen experimentieren, ohne Einflussnahme des Erwachsenen!
- Nachahmung als Lernmöglichkeit nach und nach nutzen.
- Freiwilligkeit ist für jedes Kind oberstes Gebot! Nur was Spaß macht, bringt auch einen Lerneffekt!
- Die Kinder bei ihren Tätigkeiten angemessen loben, wenn sie etwas mit Anstrengung nach ihren individuellen Möglichkeiten geschafft haben!

Turnen mit kleinen Kissen

Kleine Kissen sind in jedem Kinderzimmer ebenso wie in den Kuschelecken der Kindertagesstätten zu finden. Was liegt also näher, als mit diesen Kissen einmal eine Turnstunde durchzuführen?

Alter: ab 1½ Jahren
Material: pro Kind 1 Kissen (ca. 40 x 40 cm – am besten das „Kuschelkissen" von zu Hause)

Die Kinder bringen von zu Hause ihr Kuschelkissen mit oder suchen sich ein kleines Kissen in der Kuschelecke der Kita aus.

Begrüßung im Sitzkreis

Im Turnraum setzen sich alle Kinder im Kreis auf ihr mitgebrachtes Kissen. Die Spielleitung begrüßt die Kinder und freut sich, dass alle daran gedacht haben, ein Kissen mitzubringen. Sie fragt, was jedes Kind im Allgemeinen mit seinem Kissen macht (darauf schlafen, kuscheln, die Puppe oder das Kuscheltier zudecken ...). Dann erzählt sie ihnen, dass alle heute damit turnen sollen.

Experimentierphase

Jedes Kind darf jetzt aufstehen und mit seinem Kissen das machen, was es möchte. Da Krippenkinder noch viel das Vorbild von älteren Kindern oder Erwachsenen suchen, sollten auch die anwesenden Erwachsenen mitmachen. Die Krippenkinder werden sie nach Herzenslust und mit ihren individuellen Möglichkeiten nachzuahmen versuchen.

Beispiele:
- Kissen in die Luft werfen
- Das Kissen mit ausgestreckten Armen auf den Händen balancieren.
- Das Kissen als „Dach" über den Kopf halten, wenn es „regnet".
- Sich das Kissen auf den Kopf legen (wer möchte, kann versuchen damit zu gehen).
- **Kissenkreisel:** Das Kissen in die Hand nehmen und sich wie ein Kreisel damit drehen.
- Sich gegenseitig mit dem Kissen bewerfen.
- Sich das Kissen zwischen die Beine klemmen und damit hüpfen (für die älteren Krippenkinder).

- Kissen auf den Boden legen, sich bäuchlings darauf legen und – wenn möglich - mit den Armen beidseitig vorwärts schieben. (Nur bei glattem Boden möglich)
- **Das Schneckenhaus:** Das Kissen als „Schneckenhaus" auf den Rücken des bäuchlings liegenden Kindes legen. Das Kind soll sich mit seinem „Schneckenhaus" vorwärts bewegen.
- Über das Kissen, das auf dem Boden liegt, rüber springen.
- **Partnerkarussell:** Zu zweit zusammenstellen, das Kissen des Partners und das eigene Kissen anfassen (zwei Kinder bilden jeweils einen „Kreis" mit ihren zwei Kissen) und sich im Kreis drehen. (erst ab 2½ Jahren)
- **Steine im Fluss:** Kissen hintereinander durch den Turnraum legen und langsam über die „Steine im Fluss" steigen.

Weitere Spielmöglichkeiten:

- **Hoch oben auf dem Kissenberg ...** Alle Kissen zu einem großen Berg aufeinander stapeln. Dann darf jedes Kind einmal über den Kissenberg krabbeln.
- Mit Anlauf nacheinander in den Kissenberg springen.
- **Fallobst:** Eine kleine Bank oder ein Hocker wird vor den Kissenberg gestellt, und die Kinder springen nacheinander in den Kissenberg hinein. (Schwerkraftwahrnehmung)
- **Versteckspiel:** Die Gruppe setzt sich im Kreis um den Kissenberg. Ein Kind dreht sich um, ein anderes darf sich unter dem Kissenberg verstecken. Wer fehlt im Kreis? Wer steckt unter dem Kissenberg? Hinweis: Wenn das Kind es nicht rät, darf das Kind unter dem Kissenberg einen lauten Ton von sich geben.
- **Wem gehören die Füße?** Einige Kinder verstecken sich unter dem Kissenberg und sollen nur ihre Füße herausstrecken. Die Spielleitung oder auch eines der Kinder sollen nun raten, welche Füße zu wem gehören. (Auch als Abschlussspiel geeignet: Die abholenden Eltern müssen am Ende der Turnstunde hereinkommen und ihr Kind an den Füßen erkennen, um es dann mit nach Hause zu nehmen. Hinweis: Je jünger die Kinder, je geringer die Ausdauer, längere Zeit unter dem Kissenberg zu verharren! Also kurze Konzentrationsphasen berücksichtigen!)
- **Bienenstich:** Jedes Kind hält sein Kissen als „Stachel" einer Biene vor seinen Bauch. Nun darf hinter den Kindern hergelaufen werden.

Der „Stachel" eines jeden Kindes darf die anderen „stechen" (in den Po pieksen).
- **Der Wolf als „Wächter":** Die Spielleitung (später kann es auch ein älteres Kind sein, wenn der Ablauf des Spiels bekannt ist) sitzt als „Wolf" (evtl. mit gebastelten Wolfsohren) am Kissenberg und passt auf seine Kuschelkissen auf. Die Kinder stehen am Ende des Raumes und sollen sich nun langsam an die Kissen heranschleichen, um sich eines von ihnen zu holen. Der Wolf passt auf, dass niemand ihm eines wegnimmt. Gelingt es dennoch einem Kind, darf dieses wieder an die Wand am Ende des Turnraumes zurück laufen und sich dort auf das Kissen setzen. Es wird so lange gespielt, bis alle sich ein Kissen beim Wolf geholt haben.

Abschluss der Turnstunde

Zum Schluss „fahren" wir mit unserem Kuschelkissen wieder nach Hause. Die Kissen sind das „Lenkrad" von unserem Auto.

- **Musikstopp-Spiel:** Der CD-Spieler wird mit Musik angestellt. Die Kinder halten ihr Kissen an den Seiten als Lenkrad fest und fahren damit durch den Raum. Stoppt die Musik, hält das „Auto" an. Die Spielleitung erzählt in wenigen Sätzen eine Geschichte dazu (jedes Mal, wenn die Musik stoppt).

Mögliche Varianten können sein:
- Wir müssen jetzt tanken.
- Wir sind falsch gefahren und müssen rückwärts drehen (langsam rückwärts fahren)
- Wir machen Picknick in einer Raststätte: Alle setzen sich auf ihr Kissen und packen ihr imaginäres Frühstück aus.
- Wir fahren langsam wieder auf die Autobahn.
- Wir sind kurz vor dem Ziel und geben noch einmal richtig Gas!

- **„Zu Hause angekommen"**, setzen wir uns noch einmal im Kreis in die Mitte des Turnraumes, reichen uns die Hände und sprechen z. B. nachfolgenden Vers:

Alle Kinder gehen nach Hause,
alle geben sich die Hände.
Alle wünschen guten Heimweg,
denn das Turnen ist zu Ende.

Was tun wir denn so gerne

Kinder lieben es, zu hüpfen, zu tanzen und zu springen. In der Gemeinschaft im Kreis macht das noch mal so viel Spaß.

Alter: ab ca. 1½ Jahren
Aktionsform: Teppichfliesenkreis, jedes Kind steht auf einer Teppichfliese (Orientierung für das Kind)

Die Kinder sprechen oder singen den Text. Jedes setzt die Bewegung so um, wie es seinem individuellen Entwicklungsstand entspricht:

Was tun wir denn so gerne hier im Kreis,
was tun wir denn so gerne,
hier in diesem Kreis?
     im Rhythmus klatschen
Hüpfen, hüpfen, hüpfen immerzu,
hüpfen, hüpfen, hüpfen immerzu.
     Auf der Teppichfliese mit geschlossenen Füßen
     hüpfen.

Weitere Aktionsformen:
- tanzen
- stampfen
- drehen
- nicken

Die Kinder können weitere Ideen einbringen …

Wer will fröhliche Kinder sehn?

nach der Melodie: „Wer will die fleißigen Handwerker sehn?"
(trad.)

Das traditionelle Lied von den „fleißigen Hand-werkern" kennen schon Generationen. Umgedich-tet auf verschiedene Bewegungsformen, fördert es gleichzeitig die Bewegungsfreude und den Nachahmungstrieb der Kinder.

Alter: ab ca. 1½ Jahren, wenn die Kinder sicher laufen können
Aktionsform: im Stand im Stuhlkreis oder mit großen Bewegungen im Teppichfliesenkreis im Turnraum.

Refrain:
Wer will fröhliche Kinder sehn,
der muss in die Krippe gehen.

1. Lauf, lauf, lauf, lauf, lauf, lauf,
uns geht dabei die Puste aus.
    Auf der Stelle laufen.
    Variante: Durch den Turnraum laufen.

Wer will …

2. Hopp, hopp, hopp, hopp, hopp, hopp,
wir laufen alle im Galopp.
    Auf der Stelle Pferdchensprung machen.
    Variante: Durch den Turnraum galoppieren.

Wer will …

Stampf, stampf, stampf, stampf, stampf, stampf,
wir haben alle ganz viel Dampf.
    Auf der Stelle mit den Füßen stampfen.
    Variante: Stampfend durch den Turnraum gehen.

Wer will …

3. Trapp, trapp, trapp, trapp, trapp, trapp,
von uns macht heute keiner schlapp.
    Auf der Stelle traben
    Variante: Durch den Turnraum traben.

Wer will …

4. Rechtes Bein, linkes Bein,
das können Kinder ganz allein.
    Erst das eine, dann das andere Bein anheben.

Wer will …

5. Könnt ihr's sehn, könnt ihr's sehn,
wenn wir in die Hocke gehen.
    In die Hocke gehen.

  Wer will …

6. Auf die Zeh'n, auf die Zeh'n,
und streckt die Arme in die Höh!
    Auf die Zehen stellen, Arme nach oben strecken.

Wer will …

7. Rückwärts gehen, rückwärts gehen,
vorsichtig den Kopf auch drehen.
    Vorsichtig rückwärts gehen.

Wer will …

8. Jetzt ist Schluss, jetzt ist Schluss,
    Rhythmisch in die Hände klatschen
schickt mir noch alle einen Kuss!
    Kuss auf den Handrücken und wegpusten.

Auf den Straßen unterwegs ...

Für Krippenkinder ist es wichtig, im 1. Lebensjahr die unterschiedlichen Entwicklungsstufen nacheinander durchlaufen zu haben. Wenn wir jetzt im Turnraum „auf den Straßen unterwegs" sind, können so die Bewegungsformen wiederholt und verinnerlicht werden. Gleichzeitig werden die Kinder in ihrer Fantasie in verschiedene Tiere „verwandelt".

Alter: ab ca. 1½ Jahren
Material: mehrere rutschfeste Turnmatten oder Seile

Aus rutschfesten Turnmatten eine oder mehrere „Straßen" hintereinander legen. Wenn diese nicht zur Verfügung stehen, können die „Straßen" auch rechts und links mit Seilen markiert werden.

Die Kinder stellen sich hintereinander auf und sollen nun in verschiedenen Bewegungsformen „auf den Straßen unterwegs" sein. Sie bewegen sich durch:

- die Rennstraße   alle rennen
- die Hundegasse   alle krabbeln
- die Baumstammstraße   alle rollen mit ausgestreckten Armen und Beinen auf dem Boden
- die Schlangenallee   alle kriechen bäuchlings
- die Rückwärtsallee   alle gehen rückwärts
- die Froschstraße   alle hüpfen wie ein Frosch
- der Hasenstieg   alle hüpfen im Häschensprung
- die Seehundstraße   alle robben

usw.

Variante

Ältere Kinder schlüpfen gerne in unterschiedliche Rollen, wenn sie „auf den Straßen unterwegs" sind. Sie gehen, hüpfen, laufen als:

- Zwerge   in der Hocke vorwärts gehen
- Riesen   auf Zehenspitzen gehen
- Indianer   gebückt schleichen
- Rennfahrer   schnell rennen
- Elefanten   stampfen und „Rüssel" nachahmen
- Schmetterlinge   Arme als Flügel bewegen
- Bienen   summen / Arme als Flügel bewegen

usw.

Törööö

Hoch am Himmel   (trad.)

Raumerfahrung und Orientierung im Raum lernen die Krippenkinder bei diesem Spiel. Eine wichtige Basiswahrnehmung zur Stabilisierung der eigenen Persönlichkeit.

Alter: ab ca. 1½ Jahren
Aktionsform: Teppichfliesenkreis, jedes Kind steht auf einer Teppichfliese (Orientierung für das Kind)

1. Hoch am Himmel,
    Die Arme über den Kopf strecken
tief auf Erden,
    In die Hocke gehen und Hände über den Boden halten.
überall ist Sonnenschein.
    Vor dem Körper im Stand mit den Händen einen Kreis formen.
Seh ich kleine Autos fahren,
    Mit dem Zeigefinger auf sich selbst zeigen.
möchte ich gern ein Auto sein.
    Jetzt als Auto mit einem imaginären Lenkrad in der Hand 1 x um den Teppichfliesenkreis fahren, dann stellt sich jeder auf seine Fliese.
Tut, tut, tut, tut, tut, tut, tut, tut,
tut, tut, tut, tut, tut, tut, tut.

Hier weitere veränderbare Bewegungsformen:

2. Seh ich kleine Pferdchen springen …
Hopp, hopp, …
3. Seh ich eine Eisenbahn fahren …
Tsch, tsch tsch …
4. Sehe ich ein Fröschlein springen …
Quak, quak …
5. Sehe ich ein Häslein hüpfen …
Hüpf, hüpf …
6. Sehe ich ein Hündchen bellen …
Wau, wau, …
7. Sehe ich eine Katze schleichen …
Miau, miau …
8. Sehe ich ein Vöglein fliegen …
Piep, piep …
9. Sehe ich Elefanten stampfen …
Törö, törö …

Die Kinder können noch weitere eigene Ideen einbringen. Sie bewegen sich dann in der entsprechenden Bewegungsform um den Teppichfliesenkreis.

Das Karussell auf unserer Wiese

Jedes Kind fährt gerne Karussell. Wenn es im Kindergarten keines gibt, spielen wir halt Karussell im Turnraum.

Alter: ab ca. 2 Jahren
Aktionsform: angefasst im Kreis / gut geeignet als Abschluss einer Turnstunde

Auf unsrer grünen Wiese
da steht ein Karussell,
　Die Gruppe steht angefasst im Kreis.
zuerst geht es ganz langsam
　Langsam gehen.
und dann geht es ganz schnell.
　Schnell im Kreis laufen.

Einsteigen, alle einsteigen,
gleich geht es los!
　Im Kreis stehen bleiben und auf der Stelle trampeln.
Schneller, schneller, schneller,
　Der angefasste Kreis dreht sich erst langsam und dann immer schneller.
huiiiiiiiiii!
　Die Kinder werfen sich auf den Boden.

Wenn alle Kinder auf dem Boden liegen, werden sie rücklings an den Füßen einzeln aus dem Turnraum gezogen!

Eisenbahn, Eisenbahn

Die meisten kleinen Kinder kennen nur das Autofahren, haben aber sicher schon einmal einen Zug vorbei fahren sehen. Nun bilden die Kinder nacheinander eine Eisenbahn und müssen sich dabei sehr gut konzentrieren, um ihre Nachbarn an den Händen festzuhalten.

Alter: ab ca. 2 Jahren
Aktionsform: die Kinder sitzen im Stuhl- oder Teppichfliesenkreis

Ein Kind ist LokführerIn und geht im Kreis herum. Wenn der Text zu Ende gesprochen oder gesungen wurde, wählt das Lokführerkind ein Kind aus, das sich an den Zug hängen darf (Hände auf die Schultern legen). Nach und nach „steigen alle Kinder ein", bis niemand mehr auf seinem Platz sitzt.

Eisenbahn, Eisenbahn,
fahre nicht so schnell davon.
Nimm mich mit! Nimm mich mit!
Nimm mich mit!

Dreh dich, kleiner Kreisel

Alter: ab ca. 2 Jahren
Aktionsform: Sitzkreis

Ein oder zwei Kinder sind die Kreisel, die sich in der Kreismitte mit ausgebreiteten Armen um sich selbst drehen. Ist der Text zu Ende gesprochen bzw. das Lied zu Ende gesungen, bleibt jeder Kreisel stehen und zeigt auf ein Kind. Jetzt darf dieses Kind in den Kreis und den Kreisel spielen.

Dreh dich kleiner Kreisel,
dreh dich immerzu, dreh dich immerzu.
Bis dass du nicht mehr weiter kannst,
und dann kommst du!

Der Schneemann

Alter: ab ca. 2 Jahren
Aktionsform: im Kreis stehend

Dort steht ein Schneemann mit dickem Bauch,
    Einen Bauch vor dem Körper formen
einem Kopf – zwei Augen – und Nase auch.
    Die entsprechenden Körperteile an sich selbst zeigen

Die ist aus einer Möhre gemacht,
    Eine lange Nase zeigen
darüber freut er sich und lacht, hahaha.

Der Schneemann rührt sich nicht vom Fleck,
    Beide Arme eng an den Körper legen und den Körper gerade und steif machen
doch scheint die Sonne,
    Mit beiden Armen einen großen Kreis vor dem Körper beschreiben
dann schmilzt er weg.
    Langsam in sich zusammenfallen und dann auf den Boden werfen

Der Schaffner hebt den Stab

Alter: ab ca. 2 Jahren
Material: evtl. Mütze, Stab und Trillerpfeife
Aktionsform: Sitzkreis

Ein Kind ist ZugführerIn und geht im Kreis herum. Während der Vers gesprochen wird, holt es ein Kind nach dem anderen zu sich in den Kreis, bis alle angefasst sind.

Der Schaffner hebt den Stab,
nun fährt das Züglein ab.
So fasst euch an,
so fasst euch an,
wir fahren mit der Eisenbahn,
mit der Eisenbahn.

Es kann auch ein Kind als „SchaffnerIn" mit Mütze, Stab und Trillerpfeife verkleidet den Zug jedes Mal fahren lassen.

Winterspaziergang

Alter: ab ca. 2 Jahren
Material: evtl. CD-Player, CD
Aktionsform: im Kreis stehend

Wir gehen heut spazieren
und wollen dabei nicht frieren.
   auf der Stelle gehen
Wir ziehn ne dicke Hose an,
weil die uns so schön wärmen kann.
   pantomimisch eine Hose anziehen

Wir gehen heut spazieren
und wollen dabei nicht frieren.
   auf der Stelle gehen
Wir ziehen dicke Strümpfe an,
weil das die Beine wärmen kann.
   pantomimisch Strümpfe anziehen

Wir gehen heut spazieren
und wollen dabei nicht frieren.
   auf der Stelle gehen
Wir ziehn ne dicke Jacke an,
weil die uns so schön wärmen kann.
   pantomimisch eine Jacke anziehen

Wir gehen heut spazieren
und wollen dabei nicht frieren.
   auf der Stelle gehen
Wir ziehen dicke Stiefel an,
weil das die Füße wärmen kann.
   pantomimisch Stiefel anziehen

Wir gehen heut spazieren
und wollen dabei nicht frieren.
   auf der Stelle gehen
Wir ziehen dicke Handschuh an,
weil das uns so schön wärmen kann.
   pantomimisch Handschuhe anziehen

Wir gehen heut spazieren
und wollen dabei nicht frieren.
   auf der Stelle gehen
Wir ziehn ne dicke Mütze an,
die unsre Ohren wärmen kann.
   pantomimisch Mütze aufsetzen

Wir gehen heut spazieren
und wollen dabei nicht frieren
   auf der Stelle gehen
Wir ziehen uns den Schal jetzt an,
der uns am Hals gut wärmen kann.
   pantomimisch Schal umbinden

Schluss:
Wir gehen heut spazieren
und wollen dabei nicht frieren.
   auf der Stelle gehen
Jetzt sind wir schön warm eingepackt
und gehen alle eingehakt.
   jedes Kind sucht sich einen Partner
Wir gehen alle in den Wald
und niemandem von uns ist kalt.
   Einige Runden im Raum zu zweit eingehakt
   gehen (evtl. mit musikalischer Begleitung)

Ri-ra-rutsch (trad.)

Alter: ab ca. 2½ Jahren

Die Kinder gehen paarweise zusammen. Sie stehen einander gegenüber, kreuzen ihre Hände vor dem Körper, fassen sich an und stellen sich nebeneinander. Nach jeder gesprochenen Zeile wechseln sie die Richtung, indem sie jeweils den gestreckten Arm anziehen.

Ri-ra-rutsch,
wir fahren mit der Kutsch.
Wir fahren mit der Schneckenpost,
die uns keinen Euro kost'.
Ri-ra-rutsch,
wir fahren mit der Kutsch.

Mäusejagd

Das „Katze- und Mausspiel" gibt es schon seit Generationen. Bei diesem Spiel wird aber eine kleine Geschichte in rhythmischen Versen erzählt, wozu zwei Kinder die Katze und die Maus nach eigener Fantasie spielen sollen. Trotzdem heißt es zuhören!

Alter: ab ca. 2½ Jahren
Material: 1 Gymnastikreifen als „Mauseloch", eventuell gebastelte Mause- und Katzenohren

Die Kinder sitzen im Stuhlkreis. In der Kreismitte liegt ein Gymnastikreifen als „Mauseloch", in dem die Maus sitzt. Die Spielleitung spricht den Text und die Kinder spielen ihre Rollen als Katze und Maus.

Die Katze schleicht im Kreis herum
und sieht sich nach den Mäusen um.
　　Die Katze schleicht um das Mauseloch, miaut dabei und sieht sich nach allen Seiten um.

Der Hunger, der ist mächtig,
doch schleicht sie sehr bedächtig.
　　Die Katze schleicht betont langsam um das Mauseloch.

Da sieht sie eine kleine Maus,
die kommt aus ihrem Loch heraus.
　　Die Maus im Mauseloch (im Gymnastikreifen) kommt heraus, sieht sich nach allen Seiten um und krabbelt herum.

Die Katze setzt zum Sprung jetzt an,
　　Die Katze duckt sich.
die Maus sich grad noch retten kann.
　　Die Maus hüpft wieder in ihr Mauseloch.

Nun schleicht die Katze weiter rum
und sieht sich nach den Mäusen um.
　　Katze schleicht weiter um das Mauseloch herum.

Danach Rollenwechsel oder andere Kinder aus dem Kreis können die Rolle der Katze und der Maus übernehmen.

Spaziergang durch den Frühlingswald

Gemeinsam durch den Frühlingswald gehen, ohne wirklich in einem Wald zu sein … Dabei wird das imaginäre Denken angeregt, die Aufmerksamkeit und die lustvollen begleitenden Bewegungen kommen dem kindlichen Bewegungsdrang entgegen. Ein Spaß, der – gemeinsam mit der Gruppe erlebt – nachhaltig als positive Erinnerung abgespeichert wird.

Alter: ab ca. 2½ Jahren als Rhythmusgeschichte im Stuhlkreis
ab ca. 2 Jahren als Bewegungsgeschichte im Turnraum
Material: Stühle oder Teppichfliesen für einen Sitzkreis / Variante: im Turnraum

Spielleitung:
Ich werde euch jetzt eine Geschichte vom Frühling erzählen. Alles, was ich euch vormache, dürft ihr mir nachmachen. Also, aufgepasst!
Wir gehen im Wald spazieren.
    Hände wechselweise auf die Oberschenkel klatschen.
    Variante: Im Turnraum umhergehen.

Die Vögel zwitschern und durch die hohen Bäume schaut neugierig die Frühlingssonne und wärmt uns mit ihren warmen Strahlen.
Vor uns liegt ein kleiner Berg, eine Anhöhe. Damit es uns nicht langweilig wird, wollen wir mal alle gemeinsam den Berg hoch laufen. Stellt euch einfach in einer Reihe auf:
    Hände ruhen auf den Oberschenkeln.
    Variante: Im Turnraum nebeneinander aufstellen.
Wenn ich „Fertig – los!" sage, rennen wir alle den Berg rauf. „Fertig – los!"
    Hände klatschen schnell wechselweise auf die Oberschenkel.
    Variante: Bis zum Ende des Turnraums laufen.
Wir sind oben am Gipfel angekommen und ruhen uns jetzt erst einmal aus.
    Hände ruhen auf den Oberschenkeln.
    Variante: Sich im Turnraum auf den Boden setzen.

Puuuh, war das anstrengend!
    Einmal tüchtig schnaufen.
Aber hört mal, was ist das?
    Beide Ohrmuscheln reiben.
Wir hören etwas rauschen …
    Handflächen aneinander reiben.
Da muss ein Bach in der Nähe sein. Wir gehen jetzt durch den Wald auf die Suche nach dem Bach und klettern und springen dabei über die Baumstämme und Äste, die im Weg liegen.
    Unregelmäßig auf die Oberschenkel klatschen.
    Variante: Mit angezogenen Knien durch den Turnraum gehen oder mit großen Schritten etwas „überspringen".
Auf einmal stehen wir vor dem Bach, der mitten durch den Wald fließt.
    Handflächen aneinander reiben.
Da – seht ihr das?
    Mit dem Finger in die Kreismitte zeigen.
Ein kleiner Frosch hüpft im Bach von einem Stein auf den anderen.
    Zeigefinger und Mittelfinger beider Hände hüpfen über die Oberschenkel.

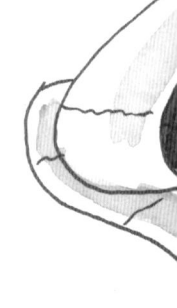

Variante: Im Froschsprung durch den Turnraum hüpfen.
Wir ziehen uns unsere Schuhe und Strümpfe aus
    Imaginär Schuhe und Strümpfe ausziehen.
und gehen vorsichtig mit unseren nackten Füßen durch den Bach.
    Auf der Stelle mit angezogenen Knien gehen.
    Variante: Mit angezogenen Knien hintereinander gehen.
Langsam bekommen wir kalte Füße. Wir ziehen uns unsere Schuhe und Strümpfe wieder an.
    Imaginär Schuhe und Strümpfe anziehen.
Wir schauen auf unsere Armbanduhr.
    Imaginär auf die Uhr am Arm sehen.
O, weh, wir haben beim Spielen ganz die Zeit vergessen! Es ist schon 6 Uhr! Wir müssen zum
Abendbrot nach Hause. Da spüren wir erste Regentropfen, die auf uns herunter fallen.
    Zeigefinger beider Hände berühren wechselseitig die Oberschenkel.
    Variante: Alle rennen durch den Turnraum.
Nun müssen wir uns beeilen. Kommt schnell, wir rennen nach Hause.
    Handflächen wechselseitig schnell auf die Oberschenkel klatschen.
Zu Hause warten Mama und Papa schon und schließen uns in die Arme.
Sie freuen sich, dass wir noch vor dem aufziehenden Gewitter nach Hause
gekommen sind.
    Das Nachbarkind in den Arm nehmen.
    Variante: Jedes Kind umarmt ein anderes.

Hinweis:
Sprechen Sie den Text sehr langsam und geben Sie den Kindern Zeit, die entsprechenden Bewegungen in Ruhe nach ihrem individuellen Tempo umsetzen zu können!

Die Hexe Rabulex und ihr Rabe

Versetzen wir uns einmal in die Welt der Märchen und lassen uns von der Hexe Rabulex und ihrem Raben in verschiedene Tiere oder Spielzeuge verwandeln. Jedes Kind darf selbst wählen, wer oder was es sein möchte.

Alter: ab ca. 2½ Jahren
Material: Teppichfliesen für den Sitzkreis, 1 Hexenhut und 1 Rabe (Kasperpuppe) oder stattdessen 1 Zauberstab, 1 großer Korb, in dem diverse Spielzeuge und Stofftiere aus der Gruppe oder von den Kindern zu Hause liegen.

Die Teppichfliesen werden im Kreis ausgelegt. In der Mitte steht der Spielzeugkorb der Hexe Rabulex (Spielleitung).
Die Hexe geht nun mit ihrem Raben (oder dem Zauberstab in der Hand) außen um den Kreis herum und spricht dabei nachfolgenden Vers:

Ich bin die Hexe Rabulex
und habe einen Raben.
Ich zaubere so hix, hax, hex,
was möchtest du gern haben?

Die Hexe bleibt hinter einem Kind stehen, und berührt mit dem Schnabel des Raben den Rücken des Kindes (oder streicht dem Kind mit dem Zauberstab über den Rücken). Dieses Kind darf sich nun aus dem Spielzeugkorb der Hexe ein Teil (z. B. ein Auto) herausnehmen und sich damit wieder auf seinen Platz setzen (so weiß die Hexe immer, wer schon dran gewesen ist).

Nun spricht die Hexe weiter:

Viele Autos
kra, kra, kra,
hix, hax, hex,
schon sind sie da!

Daraufhin stehen alle Kinder auf und fahren als Auto mit einem imaginären Lenkrad (oder tapsen als Bär ...) eine Runde außen um den Teppichfliesenkreis herum, bis alle wieder auf ihrem Platz angekommen sind.

Dann beginnt das Spiel von Neuem, bis jedes Kind aus dem Kreis einmal ein Spielzeug aus dem Korb ausgewählt hat.

Wir sind heute von der Rolle ...

– ein Bewegungsangebot im Turnraum –

Krippenkinder lieben es, sich mit Dingen zu beschäftigen, die sie im Alltag zu Hause oder in der Krippe vorfinden. Wer hat nicht schon einmal sein Krippenkind vor der Toilettenrolle im Badezimmer oder Waschraum der Kita vorgefunden, wie es meterlang die Toilettenrolle abgerollt hat? Geben wir ihm doch einmal die Möglichkeit, dieses Spiel „offiziell zu erlauben"...

Alter:
- ab ca. 2 – 2½ Jahren (als Gesamtangebot),
- ab 1½ Jahren als freie Aktion ohne Vorgaben der Spielleitung

Material:
- Jedes Kind bringt von zu Hause eine Toilettenrolle mit (dadurch werden wieder die Eltern zum Mittun eingeschlossen). In der Kita müssen noch genug weitere Toilettenrollen zur eventuellen Verwendung zur Verfügung stehen.
- Teppichfliesen (so viele wie teilnehmende Kinder und Erwachsene)
- CD-Spieler und Musik-CD
- 1 großer Müllsack (zur späteren Entsorgung der abgerollten Toilettenrollen)

Ort: der frei geräumte Turnraum

Im Turnraum legt jedes Krippenkind seine mitgebrachte Toilettenrolle in die Mitte des Teppichfliesenkreises und setzt sich dann auf eine Teppichfliese. Nun wird gemeinsam ein Begrüßungsvers gesprochen oder ein –lied gesungen. Dann fragt die Spielleitung, was dort in der Kreismitte liegt. Sie bedankt sich, dass alle eine Toilettenrolle mitgebracht haben. Alle überlegen gemeinsam, was sie denn beim Turnen damit anfangen könnten, um dann im freien Spiel die Vorschläge – jedes Kind nach seinen Möglichkeiten und eigener Fantasie – umzusetzen. Begonnen wird mit einer gemeinsamen Aktion (bei älteren Krippenkindern).

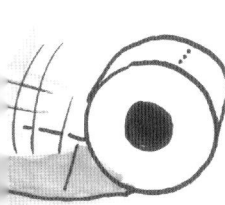

Musikstopp – Spiel

Jedes Kind nimmt sich eine Toilettenrolle aus der Kreismitte und soll diese irgendwo im Raum auf den Boden und sich daneben stellen. Jedes Kind merkt sich, wo seine Rolle liegt. Die Musik wird angestellt und in der angesagten Bewegungsform (laufen, hüpfen wie ein Hase, springen wie ein Pferd, fliegen wie ein Flugzeug ...) laufen die Kinder um die Rollen herum. Stoppt die Musik, muss jedes Kind wieder bei seiner Rolle stehen. (Orientierung im Raum!) Das wird mehrfach wiederholt.

„Bäume an der Straße"

Nun legen alle Kinder die Rollen so hintereinander, dass sie wie Bäume an der Straße auf dem Boden liegen (die Spielleitung hilft beim Abstand halten, damit der Zwischenraum groß genug ist, um drum herum zu laufen).

Aufgaben:

- Nacheinander um die „Bäume" herum laufen (in Schlangenlinien)
- Wie ein Storch über die Rollen steigen, ohne sie zu berühren
- Wie ein Pferd über die Rollen springen
- Schafft es auch jemand mit geschlossenen Füßen (Häschensprung) über die Rollen zu hüpfen, ohne sie zu berühren?

Ideensammlung für weitere Aktionen

(Jedes Kind mit seiner Rolle)

- Rolle in die Luft werfen
- Rolle durch den Raum rollen
- Rolle unter einem Stuhl oder unter einer aufgebauten „Brücke" (Turnbogen aus Holz, Brett über zwei kleine Kästen gelegt o. Ä.) durchrollen
- Rolle eine Schräge herunterrollen (schräges Brett, schräg gestellte Langbank oder Weichboden)
- Die Rolle als „Sitz" benutzen
- Die Rolle in eine große Plastikwanne werfen (Zielwerfen)
- Die Rolle als Fernglas benutzen
- Alle Rollen zu einem Turm stapeln
- Als Abschluss wird die Fixierung des ersten Papierstücks von den Toilettenrollen gelöst, und dann darf jedes Krippenkind seine Rolle so lang abrollen, wie es möchte, sich darin einwickeln, das Papier zusammenknüllen, sich gegenseitig zudecken, sich verstecken und nach eigener Kreativität experimentieren.

Hinweis:

Bevor die Aktion stattfindet, sollte jede Toilettenrolle mit einem kleinen Streifen Tesakrepp fixiert werden, damit die ersten Aktionen umgesetzt werden können, ohne dass sich die Toilettenrolle gleich abrollt.

Am Ende helfen alle Kinder, das Toilettenpapier in einen großen Müllsack zu stopfen, damit es entsorgt werden kann.

Schlusskreis

Die Gruppe trifft sich noch einmal zum Schluss im Teppichfliesenkreis. Jedes Kind sagt, wie es ihm gefallen hat. Gut ist der Hinweis, dass bitte zu Hause keine Toilettenrollen so abgerollt werden dürfen, sondern nur in der Turnstunde der Kindertagesstätte.

Dann wird gemeinsam ein Abschiedsvers gesprochen und alle gehen in ihre Gruppe zurück.

Gutes Körpergefühl über Massagen und Entspannung

Was wissen wir – was gibt es zu bedenken?

Ein wenig Theorie: Unsere Haut spielt mit einer Ausdehnung von 1,7 Quadratmetern eine besondere Rolle. Sie ist nicht nur das größte Organ, sondern auch das empfindsamste. Auf einem Quadratzentimeter liegen im Durchschnitt fünf Millionen Nervenenden sowie 3000 Hautsinnzellen. Der sanfte Druck des Streichelns löst bei den Rezeptoren in der Unterhaut ein Signal zur Freisetzung von Endorphinen und Oxytocin (Glückshormone) aus.

Die gute Verarbeitung von Berührungsreizen lässt ein gutes Körpergefühl entstehen und ist entscheidend für alle weiteren Verarbeitungsprozesse im Gehirn, die auf dieser Basiswahrnehmung aufbauen. Dieses „taktile System" entwickelt sich bereits im Mutterleib als erstes sensorisches System und ist schon funktionsfähig, bevor andere Systeme gebildet werden. Wissenschaftliche Forschungen haben bewiesen, wie wichtig der Hautkontakt für ein Neugeborenes direkt nach der Geburt ist, und wie lebensnotwendig besonders auch für die „Frühchen" diese Berührungsreize sind.

Wenn Berührungsreize angemessen verarbeitet werden, kann daraus ein Selbstvertrauen wachsen, welches das Selbstbild des Menschen positiv beeinflusst, ihn selbstbewusst und stark für soziale Beziehungen und für die ihm gestellten Aufgaben im Leben macht.

So wie es im Babyalter die „Babymassagen" gibt, so sinnvoll ist es, diese Massagen auch im Krippenalter fortzuführen.

Folgende Punkte sollten dabei bedacht werden:
- Das **Alter** des Krippenkindes muss berücksichtigt werden! Je jünger das Kind, je kürzer sollte die Dauer der Massage sein. Achten Sie auf die Reaktionen des Kindes: Entspannt es sich oder will es lieber aufstehen und andere Dinge tun?
- Der **Zeitpunkt** des Tages: Gut eignet sich zur Massage die Zeit nach dem Mittagessen, am Ende eines Vor- oder Nachmittags oder auch abends vor dem Schlafengehen. Die Atmosphäre im Raum sollte ruhig sein!
- **Der Erwachsene ist beim Krippenkind stets der aktive Partner, das Kind der passive.**
- **Körperhaltung:** Die Massage sollte in einer für das Kind angenehmen Körperhaltung ausgeführt werden (sitzend, bäuchlings oder rücklings liegend).
- **Wiederholungen:** Sind für das Kind die Massagen neu, dann geben Sie ihm Zeit, sich an die Massage zu gewöhnen. Wiederholungen sind ungeheuer wichtig!
- **Massageformen:** Beginnen Sie zunächst mit den Händen zu streicheln. Dann erhöhen Sie den Druck auf die Haut und lassen ihn wieder nach. Auf Hintergrundmusik oder begleitende Texte kann zunächst gut verzichtet werden. So kann sich das Kind ganz auf die Massage konzentrieren und wird durch nichts abgelenkt. Später können ein Igelball, Massageroller, Tennisball, Softball, Pinsel, ein schwach aufgeblasener Luftballon u.a.m ausprobiert werden. (siehe auch unter „Massagekoffer", S. 39)
- Die **Fußmassage** hat eine besondere Wirkung auf alle Organe und Körperfunktionen, die damit den gesamten Organismus stimuliert. Bereits im Krippenalter können die Kleinen diese Massagen genießen.
- **Reaktionen der Kinder beim Massieren:** Taktil überempfindliche Kinder reagieren sehr sensibel auf sehr feste Reize beim Massieren. Dagegen mögen taktil unterempfindliche Kinder gerade den festen, starken Druck.

- **Beobachtungen beim Massieren:** Lassen Sie sich langsam und vorsichtig auf das Kind ein und beobachten Sie es genau. Jedes Kind reagiert anders auf die Berührungsreize und hat unterschiedliche Vorlieben. Versuchen Sie, es „mit den Augen des Krippenkindes" zu sehen und zu fühlen!
- **Das Kind bestimmt immer den zeitlichen Umfang der Massage!**

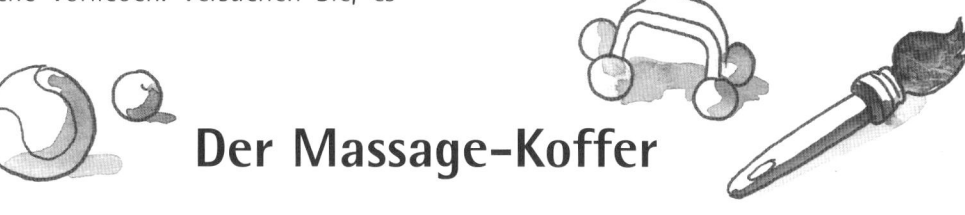

Der Massage-Koffer

Gehören Massagen in der Einrichtung oder in der Familie zu einem festen Bestandteil des Tages und haben sie als Ritual einen festen Platz, ist es auch schön, sich einen Massage-Koffer zusammenzustellen, der bei Bedarf geholt und sich die entsprechenden Massagehilfsmittel herausgenommen werden können.

> Die Materialien müssen zunächst vom Kind kennengelernt werden. Sie werden betastet, befühlt und vom Kind selbst ausprobiert, um die differenzierten Erlebnisqualitäten zu erfahren. Wiederholen Sie bei ganz jungen Kindern **ein** Hilfsmittel ständig, damit das Gehirn diesen Reiz adäquat verarbeiten und abspeichern kann.

Der Massage-Koffer sollte sichtbar und gut erreichbar für alle sein, die ihn nutzen wollen. Auch die Krippenkinder selbst werden animiert und äußern vielleicht den Wunsch, massiert zu werden, wenn er gut sichtbar im Raum in der Kita steht. Nachfolgenden Inhalt könnte er haben:

- Igelball
- Softball
- Tennisball
- schwach aufgeblasener Luftballon
- verschiedene Massageroller
- Stein
- Pinsel u.a.m.

Um auch den Eltern die Wichtigkeit der Massagen deutlich zu machen und sie in unsere Krippenarbeit mit einzubeziehen, könnte bei jedem Kind am Kleiderhaken oder auch im Kindergartenfach **ein kleiner Beutel mit den „Lieblingsmassagegeräten"** des Krippenkindes hängen. Diese werden von den Eltern selber gekauft. Zum Wochenende nimmt jedes Krippenkind seinen Massagebeutel mit nach Hause, um sich selbst von den Eltern massieren zu lassen oder aber auch damit das Kind seine Eltern verwöhnen kann.

So kann eine Brücke zwischen Kita und Elternhaus gebaut und über die Krippenarbeit aufgeklärt werden.
Unerlässlich ist natürlich in der **Vorplanung** ein Elternabend oder auch die Aufklärung darüber in einem Elterngespräch.

Massage und Entspannungsangebote

Die schleichende Katze

Alter: ab ca. 1½ Jahren
Material: bequeme Unterlage

Das zu massierende Kind muss entspannt sitzen oder bäuchlings liegen können.

Hier schleicht die kleine Katze
ganz sacht auf ihrer Tatze.
> Die Handflächen werden mit leichtem Druck wechselweise langsam über den Rücken geführt.

Sie kratzt mal hier, sie kratzt mal dort –
> Irgendwo mit dem Zeigefinger mehrfach auf dem Rücken kratzen
und schleicht sich leise wieder fort.
> Die Handflächen werden wieder mit leichtem Druck wechselweise langsam über den Rücken geführt.

Ganz vorsichtig wie eine Schnecke
kommt sie nun wieder um die Ecke
> Wie oben Handflächen langsam über den Rücken führen.

und will mit ihren kleinen Tatzen
dich wieder hier und dort mal kratzen.
> Irgendwo mit dem Zeigefinger mehrfach auf dem Rücken kratzen.

Auf einmal klatscht wer in die Hände,
> 1x die Handflächen auf den Rücken klatschen.
da ist das Katzenspiel zu Ende.
> Beide Handflächen ruhen mit leichtem Druck einige Zeit auf den Schulterblättern.

Die Krabbelkäfer

Alter: ab ca. 1½ Jahren
Aktionsform: mit 5 Fingern auf dem Unterarm oder mit 10 Fingern auf dem Rücken des Kindes

Fünf kleine Krabbelkäfer
krabbeln auf und ab,
fünf kleine Krabbelkäfer
machen niemals schlapp.
> Fünf Finger „laufen" auf dem Unterarm des Kindes rauf und runter.

Fünf kleine Krabbelkäfer
auf das Wasser klatschen,
fünf kleine Krabbelkäfer
durch die Pfützen patschen.
> Die flache Hand klatscht vorsichtig auf den Unterarm.

Fünf kleine Krabbelkäfer
pieksen immerzu,
fünf kleine Krabbelkäfer
geben keine Ruh.
> Mit dem Zeigefinger vorsichtig auf den Unterarm pieksen.

Fünf kleine Krabbelkäfer
streicheln dich ganz sacht.
Fünf kleine Krabbelkäfer
hab'n dir Glück gebracht.
> Die Hand streichelt den Unterarm.

Die fleißigen Hände und Füße

Hände und Füße, die vom Kind in der Entwicklungskette als Letztes bewusst wahrgenommen werden, erfahren bei diesem Spiel eine besondere Bedeutung. Die Massage der Hände und Füße trägt außerdem zur Entspannung nach getaner Arbeit bei.

Alter: ab ca. 1½ Jahren
Material: 1 kleiner Igelball

Aktionsform: Entspannte liegende oder sitzende Haltung des Kindes auf einem Kuschelsack oder Sofa. Der Igelball wird mit leichtem Druck unter der Fußsohle oder in der Handinnenfläche bzw. auf dem Handrückens geführt. Bei der Fußmassage zunächst den Strumpf des Kindes an lassen. Später – nach Gewöhnung des Reizes – evtl. die nackte Fußsohle mit dem Igelball massieren.

Massage der Fußsohlen

Deine Füße müssen laufen,
gehen ständig hin und her.
Und am Abend sind sie müde,
sind erschöpft und werden schwer.

Deshalb musst du sie verwöhnen
mit dem kleinen Igelball,
rollt er über deine Sohlen,
rollt er hier und überall.

Massage der Handinnenflächen und des Handrückens

Deine Hände, die sind fleißig,
müssen malen, schreiben, matschen,
putzen Zähne, können schneiden,
wollen auch im Wasser patschen.

Deshalb musst du sie verwöhnen
mit dem kleinen Igelball,
rollt er über deine Hände,
über Finger, überall.

> **Hinweis:**
> Auch sehr junge Kinder ab ca. 1½ Jahren können Fuß- und Handmassagen schon genießen. Beginnen sollte man mit der Massage der Hände. Der Igelball als Hilfsmittel kommt später dazu. **Das Kind bestimmt den Umfang der Massage!**

Pfützen springen

Alter: ab ca. 2 Jahren

Wenn es regnet, können wir
viele Pfützen sehen,
> mit der flachen Hand Kreise auf den Rücken malen

Kinder in den Gummistiefeln
sieht man darin stehen.
> mit den Handflächen wechselseitig über den Rücken gehen und dann „stehen bleiben" (Hände auf den Schulterblättern ruhen lassen)

Und sie patschen in den Pfützen,
spritzen immer wieder.
> mit den Handflächen wechselseitig auf den Rücken patschen

Aus den Regenwolken tropft
Regen auf uns nieder.
> Fingerspitzen trommeln vorsichtig auf den Rücken

Doch den Kindern macht das Wetter
überhaupt nichts aus!
> mit den Handflächen wechselseitig über den Rücken gehen

In die Pfützen springen sie
übermütig rein und raus.
> rechte und linke Handfläche patscht gleichzeitig über den Rücken vor und zurück

Als die Kinder nach Hause gehen,
sind sie pitschenass,
> rechte und linke Handfläche geht über den Rücken

werden kräftig abgetrocknet ...
– hei, ist das ein Spaß!
> beide Hände „rubbeln" den Rücken trocken.

Hinweis:
Hat das Kind noch nie eine „Geschichte auf dem Rücken erzählt" bekommen, ist es sinnvoll, zunächst nur Teil 1 zu praktizieren. Auch die **Wiederholung** ist wichtig! Später können Sie anbieten, die Geschichte noch weiter fortzuführen und Teil 2 zu erzählen. **Überfordern Sie das Kind in der Aufmerksamkeit nicht**, denn sonst tritt nicht die gewünschte Entspannung ein.

Bienen summen, Frösche quaken ...

Eine Sommergeschichte auf dem Rücken erzählt!

Alter: ab 2 Jahren
Aktionsformen: als Entspannung auf dem Kuschelsack/ -bett in der Krippe oder zu Hause auf dem Sofa oder vor dem Schlafengehen im Bett

Der Erwachsene erzählt und agiert, das Kind genießt die Entspannung.

1. Teil:
Es ist Sommer.
Warm scheint die Sonne auf die Wiesen, Wälder und die Blumen im Garten.
> Die gespreizten Hände mehrmals auf den Rücken drücken.

Da – hörst du? Eine Biene kommt geflogen ...
> Summend mit dem Zeigefinger über den Rücken fahren.

Sie setzt sich auf diese Blume ...
und auf diese ...
Sie fliegt hierhin ... und dorthin ...
> In Schlangenlinien mit dem Zeigefinger über den Rücken fahren und an verschiedenen Stellen des Rückens vorsichtig mit dem Zeigefinger drücken.

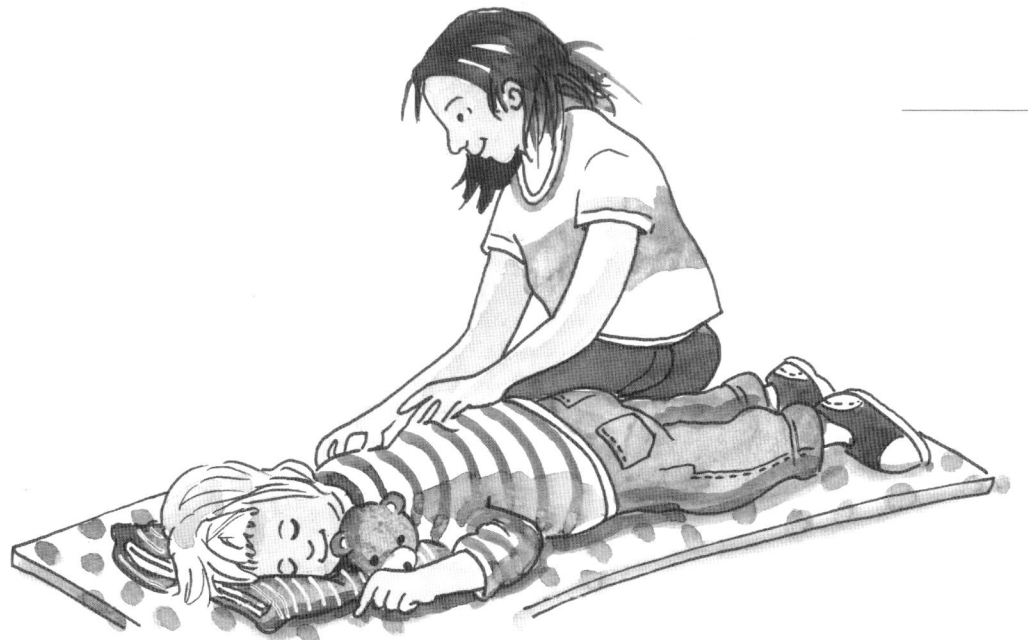

bis sie schließlich zu ihrem Bienenstock zurück fliegt ...

Summend mit dem Zeigefinger in Schlangenlinien über den Rücken fahren und dann beide Hände eine zeitlang auf den Schulterblättern ruhen lassen.

2. Teil:

Gleich neben der Wiese plätschert ein Bach.

Mit der flachen Hand in Wellen über den Rücken fahren.

Was siehst du dort auf einem Stein sitzen?

Einen großen Stein auf den Rücken malen.

Einen Frosch, der mit großen Sprüngen und lautem Quaken von Stein zu Stein hüpft.

Die Faust mehrmals an verschiedenen Stellen auf den Rücken des Kindes drücken.

Da kommt ein zweiter Frosch. Er will mit ihm spielen und hüpft in großen Sprüngen hinter dem ersten Frosch her.

Die Fäuste beider Hände an verschiedenen Stellen auf den Rücken drücken.

Plötzlich weht ein kühler Wind über die Wiese.

Vorsichtig mit der flachen Hand über den Rücken hin und her streichen.

Wolken verdunkeln die Sonne ...

Mit den Fingerspitzen Wolken malen.

Erste Regentropfen fallen ...

Mit den Zeigefingern beider Hände abwechselnd auf den Rücken tippen.

Wir verstecken uns schnell unter einem großen Busch.

Das Kind einmal unter den Achseln kitzeln.

Dann wird der Regen stärker und wir müssen nach Hause rennen, damit wir pünktlich zum Essen zurück sind.

Zeige- und Mittelfinger laufen über den Rücken.

Zu Hause nimmt uns (Name der/des Massierenden einsetzen) in die Arme und ist froh, dass wir wieder da sind.

Das Kind in die Arme nehmen und fest drücken.

Es ist Ostern

Eine Ostergeschichte, auf dem Rücken erzählt!

Alter: ab ca. 2½ Jahren
Aktionsformen: im Bett als „Gute-Nacht-Geschichte" auf dem Rücken erzählt oder als Entspannung am Krippenvormittag auf dem Kuschelsack

Es ist Ostern, Ostersonntag um genau zu sein. Es ist ganz früh am Morgen. Der Tau liegt noch auf den Wiesen und Feldern.

Mit beiden Händen in kreisenden Bewegungen über den Rücken streichen.

Alle Kinder schlafen noch, aber der Osterhase ist schon wach, denn er hat heute viel zu tun. Er muss die Ostereier für alle Kinder verstecken. Aber noch ist er mit dem Bemalen der Eier beschäftigt. Gerade malt er die letzten Eier an – nun ist er damit fertig.

Mit dem Zeigefinger Muster und Pinselstriche auf den Rücken malen.

Jetzt kann es losgehen. Er legt alle Ostereier in seinen großen Korb.

Mit dem Fingern sanft auf den Rücken tupfen.

Dann setzt er den Korb wie einen Rucksack auf den Rücken und hoppelt los.

Mit Zeige- und Mittelfinger beider Hände wechselseitig über den Rücken „hoppeln".

Er versteckt hier ein Ei – und dort ein Ei.
Er versteckt hier einen Schokoladenhasen – und dort einen Schokoladenhasen. Es macht ihm richtig Freude, seine Geschenke zu verstecken.

Zeige- und Mittelfinger „hoppeln" wie oben weiter und halten jeweils kurz zum Verstecken an. Evtl. auch kurz unter die Achseln fassen.

Dann geht die Sonne auf, und der Tau verschwindet langsam von den Wiesen.

Die gespreizten Finger beider Hände drücken langsam auf die Schulterblätter.

Jetzt muss sich der Osterhase aber beeilen, denn schon bald werden die Kinder wach.

Mit Zeige- und Mittelfinger schneller über den Rücken hoppeln.

Die Sonne schickt ihre wärmenden Sonnen-
strahlen auf die Erde.

Die gespreizten Finger beider Hände drücken langsam mehrmals auf die Schulterblätter.

Zum Glück hat der Osterhase seine Arbeit noch gerade rechtzeitig geschafft.
Nun ist er endlich fertig und hoppelt über die Wiese nach Hause.

Mit Zeige- und Mittelfinger über den Rücken hoppeln.

Zu Hause in seinem Hasenbau angekommen, muss er sich erst einmal ein bisschen hinlegen und nach der vielen Arbeit gaaaanz lange schlafen!

Den Rücken sanft mit der flachen Hand mehr-
mals von oben nach unten ausstreichen und dann auf dem Rücken eine Weile mit leichtem Druck ruhen lassen.

Winter

Eine Wintergeschichte auf dem Rücken erzählt!

Alter: ab ca. 2½ Jahren
Aktionsform: im Bett als „Gute-Nacht-
Geschichte" auf dem Rücken erzählt oder als Entspannung am Krippenvormittag auf dem Kuschelsack

Draußen ist es bitterkalt. Eine dicke Schneeschicht bedeckt unser Haus, die Wege und die grüne Wiese in unserem Garten.

Mit der Handfläche sachte über den Rücken streichen.

Wir stapfen mit unseren schweren Winter-
stiefeln los und sinken tief im knirschenden Schnee ein.

Die Handflächen gehen langsam mit leichten Druck über den Rücken.

Schneeflocken fallen leise herab, und ich spüre sie auf meiner Stirn und meinen Händen.

Die Zeigefingerspitzen berühren den Rücken, die Stirn und die Hände.

Auf dem zugefrorenen See laufen die Kinder mit Schlittschuhen.

Die Zeigefingernägel abwechselnd rechts und links auf dem Rücken vorwärts schieben.

Ein Kind läuft in Schlangenlinien über das Eis.

Zeigefingernägel in Schlangenlinien über den Rücken ziehen.

Nun lass uns weiter durch den Schnee bis zum Hügel hinauf stapfen.

Die Handflächen gehen langsam mit leichtem Druck über den Rücken.

Dort sausen Schlitten in hohem Tempo den Hügel hinunter, so dass der Schnee richtig hoch gewirbelt wird.

Die Handfläche mit leichtem Druck mehrmals schnell über den Rücken rutschen lassen.

Inzwischen schneit es immer stärker.
Die Zeigefingerspitzen tanzen sacht über den Rücken.

Es ist schon spät. Wir stapfen durch den Schnee nach Hause.
Die Handflächen gehen langsam mit leichtem Druck über den Rücken.

Zu Hause angekommen, kuschelt mich Mama in eine warme Decke und bringt mir zum Aufwärmen heißen Kakao.
Hände rubbeln vorsichtig über den Rücken und ruhen dann eine zeitlang mit leichtem Druck auf den Schulterblättern.

Pinselfahrt zu den Fingern

Pinsel-Spiel zur Differenzierung und Zuordnung der einzelnen Finger.

Alter: ab ca. 3 Jahren (jedes Kind alleine mit einem Pinsel)
ab ca. 2 Jahren (der Erwachsene übernimmt die „Pinselfahrt" zu den Fingern)
Material: pro Kind 1 breiter Pinsel (kein Haarpinsel)

Jeder hat jetzt einen Pinsel,
nehmt ihn in die Hand,
ihr streichelt über eure Finger,
denn das ist euch bekannt.

Als erstes ist der kleine Finger
mit Streicheln an der Reihe,
danach der Finger für den Ring,
nun waren es erst zweie.

Der Mittelfinger in der Mitte,
der ist als nächster dran
und nun der lange Zeigefinger,
der alles zeigen kann.

Zum Schluss da kommt der dicke Daumen,
der Pinsel streichelt sacht ...
Fünf Finger hat er jetzt berührt.
Das habt ihr gut gemacht!

Bettsuche einer kleinen Maus

Diese Massage eignet sich auch gut, mit dem Kind im Bett vor dem Schlafengehen durchzuführen.

Alter: ab 3 Jahren
Material: Entspannungsmatte und kleines Kissen

Das Kind, das massiert werden soll, liegt bäuchlings auf der Matte.

Kennst du die kleine graue Maus?
Sie läuft jetzt gerade in dein Haus
    Mit dem Mittel- und Zeigefinger auf dem Rücken hin und her laufen
mit kleinen Schritten her und hin.
Was hat die kleine Maus im Sinn?

Sie läuft jetzt in dein Zimmer rein
    Mit dem Mittel- und Zeigefinger über den Rücken laufen
und huscht ins Bett. „Au, das ist fein!"
    Mit der flachen Hand auf dem Rücken hin und her reiben
Da kommt ... (Name des Kindes), sagt: „Geh raus!"
    Mit den Handflächen abwechselnd über den Rücken gehen

„Geh sofort aus dem Bett heraus!"
Erschreckt läuft schnell das Mäuschen fort
    Wie oben „Mäuseschritte"
und sucht sich einen andern Ort.

Bei Papa huscht das Mäuschen rein
ins Bett und denkt: „Au, das ist fein!"
    Mit der flachen Hand hin und her reiben
Doch Papa kommt und ruft: „Geh raus
aus meinem Bett, du graue Maus!"
    Mit den Handflächen abwechselnd über den Rücken gehen
Erschreckt läuft schnell das Mäuschen fort
    Wie oben „Mäuseschritte"
und sucht sich einen andern Ort.

Bei Mama huscht das Mäuschen rein
ins Bett und denkt: „Au, das ist fein!"
    Mit der flachen Hand hin und her reiben
Doch Mama kommt und ruft: „Geh raus
aus meinem Bett, du kleine Maus!"
    Mit den Handflächen abwechselnd über den Rücken gehen
Erschreckt läuft schnell die graue Maus
heraus aus deinem großen Haus.
    Wie oben „Mäuseschritte"
Mit Mäuseschritten läuft sie bald
den Weg zurück in ihren Wald.
    Wie oben „Mäuseschritte"

Sie findet schnell ein Mauseloch,
dort sitzt die Familie und wartet noch:
    Mit den Fingerspitzen einen großen Kreis beschreiben
Und Papa Maus, der streichelt sein Kind,
ist froh, dass alle beisammen sind.
    Über den Rücken streicheln
Die kleine Maus schläft bald schon ein
    Kreisende Bewegungen auf dem Rücken machen
und träumt, sie könnte bei ... (Name des Kindes) sein.
    1x fest mit beiden Händen auf die Schulterblätter drücken und Hände dort kurze Zeit ruhen lassen

Sprich mit mir!

Spiele und Verse zur Sprachförderung

Die Bedeutung des Hörens für den Spracherwerb

Das Hören und das Sprechen sind zwei Seiten einer Medaille. Wir wissen heute, dass sich ohne einen ausreichenden Input kein Output adäquat entwickeln kann. Die Wissenschaft geht davon aus, dass die genetischen Voraussetzungen beim Spracherwerb eine entscheidende Rolle spielen. Das heißt, dass wir alle mit einer neurologischen Spracherwerbsdisposition sowie einer Hörerwerbsdisposition geboren werden.

Wir wissen heute, dass Hörreaktionen beim Föten bereits in der 28. Schwangerschaftswoche auslösbar sind. Die neuronalen Netzwerke im Gehirn werden in den entscheidenden ersten Lebensjahren allerdings nur dann aktiviert, wenn die entsprechenden auditiven Reize über das Gehör und die Hörbahnen in das Gehirn gelangen. Die Prägungsfähigkeit des Gehirns ist zeitlich begrenzt. Die Phasen, in denen sich Sprachentwicklung vollzieht, umfassen die ersten fünf, höchstens acht Lebensjahre.

Diese wissenschaftlichen Erkenntnisse zeigen die Bedeutung der Sprachförderung in den ersten Lebensjahren, die von allen Verantwortlichen (Eltern, ErzieherInnen, LehrerInnen) ernst genommen und genutzt werden sollte! Ein gutes Sprachvorbild ist für die Entwicklung des kindlichen Spracherwerbs von zentraler Bedeutung! Diese wertvolle Zeit der Entwicklung in den ersten Lebensjahren ist für ein Kind später kaum noch oder gar nicht mehr aufzuholen. Die Förderung der auditiven Wahrnehmungsfähigkeit durch Klänge, Geräusche und diverse andere Spielformen trainiert die Unterscheidungsfähigkeit derselben, verbessert die Konzentrationsfähigkeit und die Hördifferenzierung, die für eine gute Sprachentwicklung unerlässlich ist. Die Wahrnehmungskapazitäten eines Krippenkindes sollten jedoch nicht überfordert werden. Bei zu viel Lärm und Hintergrundgeräuschen in einer Krippengruppe können sprachliche Anreize verloren gehen.

Dabei müssen wir wissen, dass die kindlichen Lernvorgänge in ein sehr komplexes Geschehen eingebunden sind. Krippenkinder erleben ihre Bezugspersonen (Eltern, Geschwister, ErzieherInnen ...) sehr viel emotionaler als ältere Kinder. Traurigkeit, Freude, Anspannung und Entspannung werden ganz konkret und direkt aufgenommen. Worte sind für kleine Kinder nicht zu allererst Informationsträger, sondern Gefühlsträger, Gefühlsworte. Sie achten besonders auf den Klang der Worte, auf die Stimme, die sich ihm mitteilt. Auch kleine Kinder haben schon ihre persönlichen Erfahrungen gemacht. Sie haben diese Erinnerungen mit Freude, Aufmerksamkeit oder Erschrecken erlebt und abgespeichert.

Die emotionale Verarbeitung der Laute ist von großer Wichtigkeit!

Dieser individuelle „Lernvorgang" ist am leichtesten in vertrauter Umgebung umzusetzen. Man spricht von „100 Sprachen" der Kinder. ErzieherInnen gehen verbal und nonverbal darauf ein, was Kinder durch ihre Körpersprache, Mimik, Gestik oder auch durch Schreien mitteilen möchten. Wir brauchen vor allem Vertrautheit und Gleichmäßigkeit, um Sprache zu erwerben, um uns weiter zu entwickeln.

Bedenken Sie in der Kommunikation mit Krippenkindern nachfolgende Punkte:

- Sprechen Sie immer in ganzen Sätzen!
- Verniedlichen Sie die Worte nicht.
- Lassen Sie die Kinder eigene Erfahrungen benennen.

- Seien Sie Sprachvorbild (d. h. „falsch" ausgesprochene Worte selbst in richtiger Form wiederholen – ohne mit „erhobenem Zeigefinger" zu korrigieren).
- Stellen Sie „offene Fragen", die das Krippenkind nach seinem individuellen Entwicklungsstand beantworten kann.
- Hören Sie zu, ohne das Kind zu unterbrechen.

Klare äußere Strukturen sind notwendig und hilfreich, damit innere Strukturen auf- und ausgebaut werden können. Dazu gehören gegliederte Tagesabläufe mit festen Elementen sowie die Einführung von Ritualen und Regeln in der Familie wie in der Tageseinrichtung.

Spiele zum Hin-hören

Spitzt eure Ohren

*Um das **Hinhören** zu üben, sollten wir in der Einrichtung (oder Zuhause) einmal die Küche und Abstellräume nach Gegenständen durchforsten, die, wenn wir sie in Bewegung setzen, unterschiedliche Geräusche von sich geben. Schon das freie Experimentieren macht den Kindern Freude und „ganz nebenbei" werden Aufmerksamkeit und Gehör trainiert.*

Alter: ab 1½ Jahren zum freien Experimentieren
ab ca. 2 Jahren für die gezielten Übungen
Material: Löffel oder Teller verschiedener Größe, Holzkochlöffel, Küchenreibe, Schneebesen, Plastiktüten, Plastikschalen, Kochtöpfe, Erste-Hilfe-Decke, Tischtennisball, Gong, Klangschale, Triangel, Trommel o. Ä.

Einstimmung
Bevor die Aktionen zum Herstellen von Geräuschen beginnen, können wir uns mit den Kindern darüber unterhalten, womit wir überhaupt hören können.
Wir wollen zunächst unsere Ohren „aufwecken". Die Ohrmuscheln können gerieben werden, um die Aufmerksamkeit zu erhöhen.
Dabei kann nachfolgender Vers gesprochen werden:

Achtung, aufgepasst,
jeder die Ohren angefasst!
Reibt die Ohren, ihr könnt sehen,
dann können wir uns gut verstehen.
Achtung, aufgepasst,
jeder die Ohren angefasst!

Anschließend bei den Kindern nachfragen:
„Könnt ihr jetzt gut (zu-) hören?"

Hinweis: Je jünger die Kinder sind, je geräuschempfindlicher sind sie! Achten Sie deshalb bei jungen Kindern darauf, die Gruppe nicht zu groß zu halten oder weniger Materialien anzubieten. Beobachten Sie aufmerksam jedes einzelne Kind, um die Aktion rechtzeitig zu stoppen oder zu verändern, bevor es einem der Kleinen zu viel wird.

Freies Experimentieren

Zunächst werden den Kindern so viele Gegenstände zur Verfügung gestellt wie Kinder im Kreis sitzen. Jedes probiert nacheinander mit seinem Gegenstand aus, welches Geräusch es damit machen kann: Mit einem Löffel auf einen Teller klopfen, den Tischtennisball hüpfen lassen, die Trommel anschlagen ... Jedes Geräusch klingt anders. Die verschiedenen Bezeichnungen wie „dumpf", „laut", „leise", „scheppernd", „klirrend", „rasselnd" usw. sollten entsprechend benannt werden, um den Bezug zur Sprache herzustellen. Danach wird untereinander getauscht.

Variante: Eventuell kann das ganze „Orchester" auch gemeinsam spielen.

Geräuschemacher

Ein Kind darf jetzt der „Geräuschemacher" sein. Es sucht sich einen Gegenstand aus der Mitte aus und geht damit in verschiedene Ecken im Raum, um ein Geräusch zu erzeugen. Können die Kinder das Geräusch „orten"? Sie sollten in die Richtung zeigen, wo sie das Geräusch vernommen haben. Wer von den älteren Kindern dazu in der Lage ist, kann bei dieser Aktion die Augen schließen oder sich eine Hand vor die Augen halten. (Die Augen mit einer Augenmaske zu verschließen oder mit einem Schal zu bedecken, wird vom Kind meist noch abgelehnt und kann nur unnötig Angst erzeugen.)

Variante

Die Gegenstände können unter einem Tuch versteckt oder z. B. hinter einem Paravent angeschlagen werden. Können die Kinder die Geräusche den entsprechenden Gegenständen zuordnen?

Hinweis: Bei jüngeren Kindern bieten Sie nur zwei bis drei Gegenstände, die sich eindeutig unterscheiden lassen, zum Geräusche machen an, sonst bleibt das Erfolgserlebnis, es richtig geraten zu haben, auf der Strecke.

Klangreise

Jedes Kind bekommt einen Holzkochlöffel in die Hand. Nun geht die Gruppe gemeinsam durch die Einrichtung, durch den Gruppenraum, die Nachbargruppe (?) und über den Flur und schlägt dabei vorsichtig gegen verschiedene Dinge, um die unterschiedlichen Klänge zu hören: Wände, Garderobenhaken, Tische, Stühle, Fußboden usw. Die Erzieherin geht vor. Meistens ahmen die Kleinen alles nach, was sie vormacht. Ebenso kann in der Familie in der eigenen Wohnung verfahren werden.

Geräuschebaum

Ein „Geräuschebaum" lässt sich schnell aus den im Umfeld vorhandenen Gegenständen gestalten. Binden Sie die unterschiedlichsten Küchengeräte oder sonstige Materialien, die nicht kaputt gehen können (!), mit Woll- oder Bindfaden an einen Baum oder Strauch. Das kann in unterschiedlichen Höhen passieren, aber immer nur so, dass jedes Kind beim Berühren mit dem Holzkochlöffel einen Ton bzw. ein Geräusch erzeugen kann.

Diese Aktion sollte frei gestaltet sein, jedoch muss ein Erwachsener den „Geräuschebaum" im Auge haben, damit er eventuell bei zu viel Übermut und Temperament der Akteure eingreifen kann.

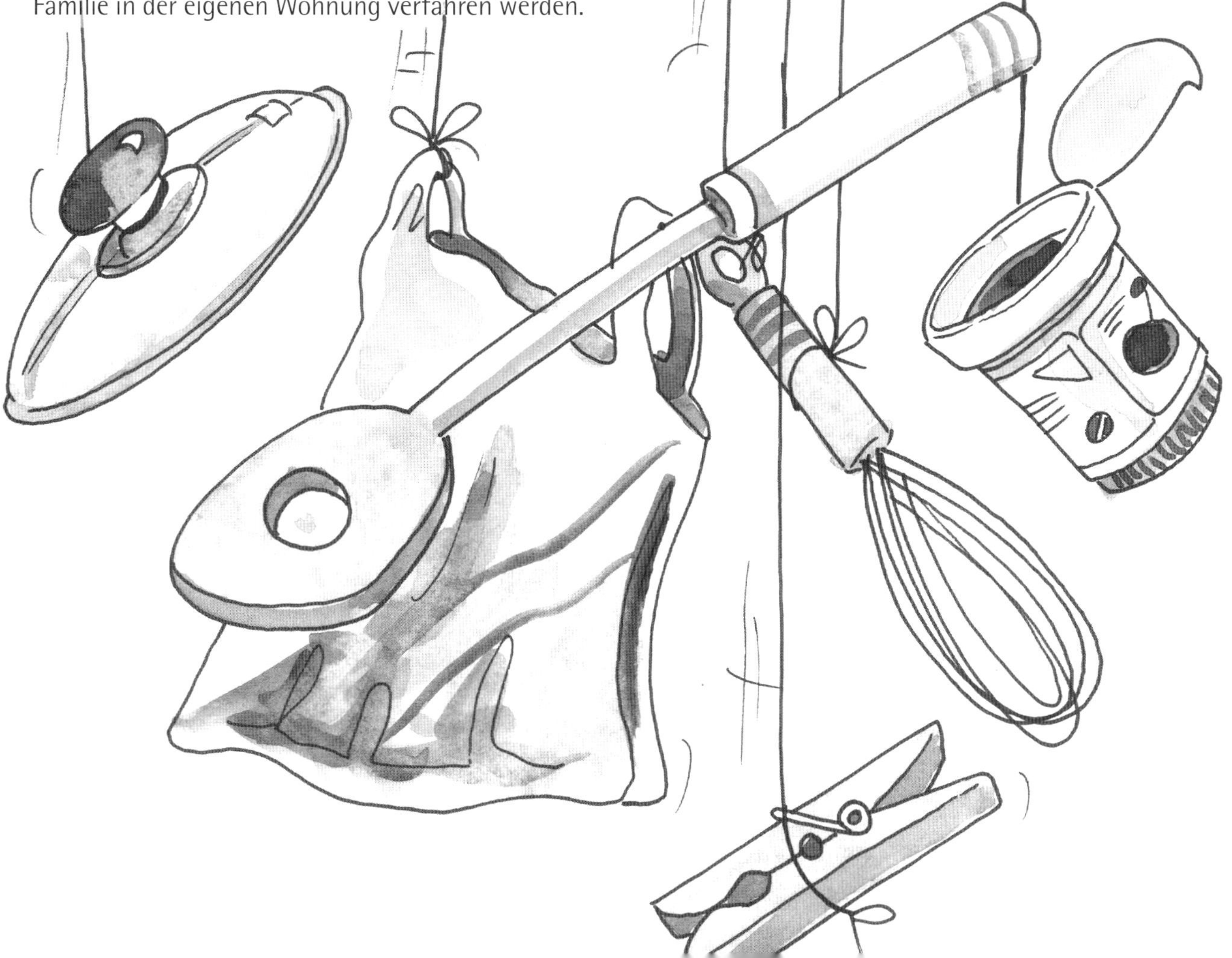

Steinspaziergang

*Ein Spaziergang lädt geradezu zum Steine sam-
meln ein. Wo kann man nicht überall Steine finden: auf Wegen, im Wald, am Straßenrand oder
am Strand. Mit diesem „Schatz" nach Hause oder
in die Krippe zurück kommen und dann damit
spielen ...*

Alter: ab ca. 2 Jahren
Material: für jedes Kind 1 kleiner Korb, Beutel
oder Tasche zum selbst Tragen

Stellen Sie auf einem Spaziergang mit den Krippenkindern die Aufgabe, Steine jeder Größe,
Farbe und Form zu sammeln, die ihnen gefallen.
Aufgabe ist auch, dass sie sie **selbst tragen** sollen
und dafür keine Begleitperson zur Verfügung
steht. Von zu Hause kann jedes Kind für diesen
Spaziergang einen kleinen Korb oder eine Tasche
für die Steine mitbringen. So werden die Eltern
wieder in das Leben in der Krippe eingebunden.
Halten Sie auf jeden Fall „Ersatztaschen" oder
Beutel in der Einrichtung bereit, falls eine Familie
das vergessen haben sollte!
Wichtig ist der **Hinweis**, dass sie nicht mit den
Steinen werfen, damit sich die Kleinen nicht verletzen. Nehmen Sie sich viel Zeit zum Sammeln
und Betrachten der Fundstücke, wenn Sie auf
dem Spaziergang sind. Die werden Sie auf jeden
Fall brauchen.

In der Einrichtung oder zu Hause angekommen,
darf jedes Kind seine Steine auf dem Fußboden
ausbreiten. Nun ist es spannend, seine eigenen
wie auch die Steine der Freunde zu betrachten, zu
vergleichen. Vielleicht werden sie auch schon von
den Kindern nach bestimmten Merkmalen sortiert. Lassen Sie sie unter Ihrer Aufsicht damit
experimentieren, und greifen Sie nur ein, wenn es
unbedingt nötig ist und Verletzungsgefahr
besteht (wenn damit geworfen wird, gegen die
Möbel geschlagen wird o. Ä.).

Ideensammlung:
Die Steine können die Kinder
* auf einen „Berg" aufstapeln
* als „Straße" hintereinander legen
* zu einem Kreis legen u. a. m.

Zwei Steine machen poch, poch, poch ...

Alter: ab ca. 2½ Jahren
Material: für jedes Kind 1 Teppichfliese, 2 Körbe, in denen für jedes Kind ein größerer in dem einen und ein kleinerer Stein in dem anderen liegen.

Die Kinder sitzen auf Teppichfliesen auf dem Fußboden. In der Mitte des Kreises steht ein Korb mit Steinen. Jedes Kind darf nun nacheinander einen größeren und einen kleineren Stein aus dem Korb holen und anschließend seine gewählten Steine nach den besonderen Merkmalen beschreiben: Farbe, Größe, Gewicht, Form usw. Dabei lernen die Kinder, ihren Stein in seinen Besonderheiten wahrzunehmen und das entsprechend zu verbalisieren.

Anschließend spielen alle gemeinsam mit ihren beiden Steinen, wobei nachfolgender Vers von der Spielleitung gesprochen wird, die Kinder machen dabei die vorgemachten Bewegungen mit ihren Steinen nach.

Jedes Kind hat einen Stein
einer groß, der andre klein.
  einen Stein hochheben

Nehmt euch jetzt noch einen Stein
einer groß, der andre klein.
  einen zweiten Stein in die andere Hand nehmen

Und nun geht es poch, poch, poch,
jeder von euch kann das doch!
  beide Steine mehrmals rhythmisch vor dem Körper gegeneinander klopfen

Klopft damit nun auf die Erde,
  beide Steine gleichzeitig auf den Boden klopfen
trappelt wechselnd wie zwei Pferde.
  nun die Steine im Wechsel auf den Boden klopfen

Und nun geht es poch, poch, poch,
jeder von euch kann das doch.
  beide Steine wieder vor dem Körper rhythmisch gegeneinander klopfen

Hörst du den Regen?

Wann sind Kinder so still, dass sie den Regen rauschen hören? Stille kann geübt werden. Wir holen uns den Regen ins Zimmer und üben gemeinsam dem Regen zu lauschen.

Alter: ab ca. 2½ Jahren

Einstimmung

Die Spielleitung spricht mit den Kindern über den Regen:
Wozu brauchen wir den Regen?
Geht ihr gerne bei Regen nach draußen?
Was müssen wir dann anziehen?
Können wir den Regen hören? u.a.m.

Wie fühlt sich der Regen an?

Material: 1 Schale mit Regenwasser

Die Kinder dürfen in eine Schale mit Wasser fassen, worin der Regen aufgefangen wurde. (Wenn vorhanden, kann auch eine Regentonne im Garten oder ein Regenmesser gezeigt werden.) Das Gefühlte wird von den Kindern verbalisiert.

Können wir den Regen hören?

Material: 1 Pipette, 1 Blechteller, 1 Rainmaker

Die Spielleitung nimmt eine Pipette mit Wasser und lässt einzelne Tropfen auf den Blechteller tropfen. Anschließend tropft sie jedem Kind mit der Pipette einen Tropfen Wasser auf den Handrücken (kleinen Kindern in die Handinnenfläche), den sie langsam durch den Raum transportieren sollen, ohne dass dieser von der Hand herunter rutscht.

Danach zeigt die Spielleitung der Gruppe einen Rainmaker. Alle sind still und horchen, wenn sie dieses Instrument in Bewegung setzt. Dann gibt sie es in die Runde und nacheinander darf jedes Kind einmal den Regen nachahmen. Dabei wird jedes Mal vorher gemeinsam der nachfolgende Vers gesprochen.

Leise rinnt der Regen,
hört mal alle her.
Schließt jetzt fest die Augen,
denn das ist nicht schwer.

Wird der Rainmaker von einem Kind betätigt, sind alle ganz leise und schließen nach Möglichkeit dabei ihre Augen (oder halten die Hände vor die Augen), damit sich jedes Einzelne besser auf das Hören konzentrieren kann.

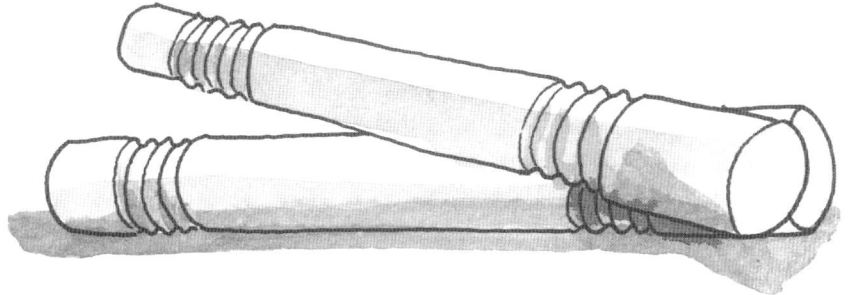

Von Regentropfen und Pferdegetrappel ...

Genau hinzuhören, welche Geräusche um uns herum sind, sie bewusst wahrzunehmen und sie dann adäquat mit Holzstäben umzusetzen, das bedeutet nicht nur Aufmerksamkeit und Konzentration, sondern auch bereits eine hohe kognitive Leistung!

Alter: ab ca. 2 Jahren
Material: für jedes Kind 1 Paar Klanghölzer (oder auf 20 cm Länge gesägte Bambushölzer oder Rundhölzer aus Buche, z. B. aus dem Baumarkt)

Zunächst darf jedes Kind mit seinem Hölzchenpaar frei experimentieren und verschiedene Spielmöglichkeiten wie das Tropfen von Regentropfen oder Pferdegetrappel ausprobieren (Materialerfahrung):

- Die Enden gegeneinander klopfen
- Auf den Boden, den Stuhl oder den Tisch klopfen ...
- Stäbe gegeneinander reiben (auf „laut" und „leise" aufmerksam machen!)
- Vorsichtig an verschiedene Körperteile klopfen
- Hölzer auf den Boden fallen lassen ...
Der Fantasie sind keine Grenzen gesetzt.

Wenn ausreichend experimentiert wurde, kann das Spiel mit dem Hölzchenpaar in eine kleine Geschichte eingebunden werden, die ein für das Kind bzw. die Gruppe aktuelles Thema beinhaltet. Vom Zeitumfang sollte das Kind nicht überfordert werden!

Die Geschichte vom Pony Liese

Material: für jedes Kind 1 Paar Hölzchen
Aktionsform: Stuhlkreis

Zur Einstimmung dürfen alle Kinder – auf dem Fußboden oder am Tisch sitzend – das Pferdetrappeln vom Pony Liese mit ihrem Hölzchenpaar nach eigener Fantasie nachahmen. Danach gibt die Spielleitung die Anweisung, das Pony **langsam und leise**, und dann **im schnellen Galopp laufen zu lassen**. Anschließend wird die Geschichte möglichst frei erzählt, damit die Spielleitung zu den Kindern Blickkontakt halten kann.

Es war einmal ein Pony, das hieß Liese. Es weidete auf einer Wiese und fraß den ganzen Tag Gras. Wenn es satt war, ging es zu einer Pferdetränke und trank Wasser.
    Alle Kinder lassen das Pony langsam und leise gehen.
Als Liese ihren Durst gestillt hatte, freute sie sich, dass die Sonne so warm auf die Weide schien, und sie begann fröhlich über die Wiese zu galoppieren.
    Die Hölzchen schnell im Wechsel gegeneinander oder auf den Boden (die Tischplatte) schlagen.
Dann blieb das Pony plötzlich stehen.
    Alle halten ihre Hölzchen ruhig auf ihrem Schoß.
Kam da hinten nicht Hardy angelaufen und wollte auf Liese reiten? Fröhlich lief das Pony Hardy entgegen. Der schwang sich auf Lieses Rücken und beide ritten vergnügt über die Weide.
    Die Hölzchen im Wechsel gegeneinander oder auf den Boden/die Tischplatte schlagen

Regenwetter

Material: Becken, Gong oder Klangschale, für jedes Kind 1 Paar Hölzchen
Aktionsform: Stuhlkreis

Lassen Sie die Kinder vor dem Erzählen der Geschichte das Hölzchenpaar nach eigenem Belieben ausprobieren, damit sie sich danach auf den Inhalt der Geschichte konzentrieren können.

Heute regnet es. Leise fallen die Regentropfen auf die Dächer der Häuser, auf die Autos und die Blumen im Garten vor dem Haus.
 Hölzer leise gegeneinander klopfen.
Die Wolken am Himmel werden immer dunkler und dunkler, und die Regentropfen werden immer größer und immer mehr.
 Hölzer lauter und schneller gegeneinander klopfen.
Ohne einen Regenschirm kann niemand mehr das Haus verlassen. Es gießt in Strömen.
 Hölzer laut auf den Boden klopfen.
Plötzlich wird es heller – die Sonne bricht durch die Wolken.
 Becken, Gong oder Klangschale anschlagen.
Leise fallen noch ein paar Regentropfen aus den Wolken ...
 Ganz zart die Hölzchen aneinander klopfen.
Dann ist der Regenschauer vorbei.
 Alle legen ihre Hölzchen unter ihren Stuhl.
Die Sonne scheint, und die Kinder kommen aus den Häusern, um mit ihren Gummistiefeln durch die Pfützen zu stapfen.
 Alle Kinder stehen auf und stampfen mit den Füßen auf den Boden – evtl. dabei in der Kreismitte herum gehen.

Wortspiele mit Klangkugel

Alter: ab etwa 2 Jahren
Material: 1 Klangkugel oder Marmorkugel o. Ä. (mit ca. 4–5 cm Durchmesser), evtl. 1 Ball
Spielform: um einen Tisch oder im Teppichfliesenkreis

Die Kinder sitzen mit der Spielleitung um den Tisch herum. Die Spielleitung rollt die Kugel quer über den Tisch zu einem Kind. Das Kind schiebt die Kugel zu einem anderen Kind usw. Dabei sprechen alle gemeinsam nachfolgenden Vers:

*Rolle bunte Zauberkugel,
rolle hin und her.
Sag mir bitte deinen Namen,
denn das ist nicht schwer.*

Wenn der Vers zu Ende gesprochen ist, darf das Kind, das die Zauberkugel gerade hat, diese festhalten und seinen Namen sagen. Dann geht das Spiel weiter, indem die Kugel wieder von einem zum anderen gerollt wird und am Ende ein Kind seinen Namen sagen darf.

Hinweis: Bei jüngeren Kindern ist es sinnvoll, sich im Teppichfliesenkreis auf den Fußboden zu setzen und eventuell zum Rollen anstatt der kleinen Klangkugel einen größeren Ball zu nehmen, da ihre Motorik zum zielgerichteten Rollen noch nicht so weit entwickelt ist.

Variante ab ca. 3 Jahren
Ist dieses Spiel schon häufiger gespielt worden, kann die Fragestellung verändert werden. Dann heißt es nicht mehr: Sag mir bitte deinen Namen, sondern:
* Sag mir bitte dein Lieblingstier ...
* Sag mir bitte, wo du wohnst ...
* Sag mir bitte, was du gerne isst ...
usw.
Die Kinder können sich selbst Fragen ausdenken. Der Fantasie sind keine Grenzen gesetzt.

Hinweis:
Bei jüngeren Kindern ist es sinnvoll, sich zunächst zu zweit gegenüber zu setzen und das Rollen separat ohne Fragestellungen auszuprobieren. Ein größerer Gymnastikball lässt sich für ein kleines Kind besser handhaben, da die Motorik zum zielgerichteten Rollen noch nicht ausreichend entwickelt ist. Später kann sich im Teppichfliesenkreis mit anderen Kindern auf den Fußboden gesetzt und das oben genannte Spiel umgesetzt werden.

Wir verreisen, wer fährt mit?

Nicht alle Krippenkinder haben schon große Reisen gemacht, aber sicher kennen sie schon einen Koffer. Und wenn nicht, dann lernen sie jetzt einen kennen, denn die Gruppe will verreisen, und jedes Kind darf etwas mitnehmen und in den Koffer legen, was ihm ganz wichtig ist. So lernen die Kleinen nicht nur das Lieblingsspielzeug der anderen Kinder kennen, sondern üben auch noch ihre Sprache und erweitern ihren Wortschatz.

Alter: ab ca. 2 Jahren
Material: 1 Reisekoffer, von jedem mitspielenden Kind das Kuscheltier von zu Hause oder das Lieblingsspielzeug aus der Kita
Spielform: im Stuhlkreis oder im Teppichfliesenkreis

Die Kinder sitzen im Stuhlkreis oder im Teppichfliesenkreis auf dem Boden. In der Mitte steht ein verschlossener Reisekoffer. Die Spielleitung erklärt den Kindern, dass sie gerne mit ihnen verreisen möchte und deshalb einen Koffer mitgebracht hat, in den nun jedes Kind sein liebstes Spielzeug einpacken darf. Zum besseren Nachahmen für die Kinder fängt die Spielleitung an und legt „ihr" Spielzeug in den Koffer, indem sie ihn öffnet, das Teil hineinlegt, es benennt und dann wieder den Deckel schließt.

So kommt ein Kind nach dem anderen an die Reihe. Es ist gut möglich, dass manch eines sein Lieblingsspielzeug nicht in den Koffer legen möchte. Dann ist das auch okay, denn es bedeutet für ein kleines Krippenkind ja eine Trennung, ein Loslassen von dem, was ihm viel bedeutet.

Wenn alle ihre Gegenstände in den Koffer eingepackt haben, wird er verschlossen, und die Reise kann losgehen. Entweder setzen sich alle in eine hintereinander als „Eisenbahn" gestellte Stuhlreihe, oder sie fassen sich auf die Schultern und fahren gemeinsam durch den Gruppenraum, während die Spielleitung als „Zugführer" den Koffer trägt und singt:

*Eisenbahn, Eisenbahn,
fahre nicht so schnell davon!
Nimm mich mit, nimm mich mit,
nimm mich mit!*

Nun ist die Reisegesellschaft am Urlaubsort angekommen und setzt sich wieder in den Kreis. Jetzt wird der Koffer geöffnet und nacheinander dürfen die Kinder ihr Spielzeug aus dem Koffer nehmen und es benennen. Wenn die Gruppe Spaß hatte, kann dieses Spiel mehrmals wiederholt werden. Vielleicht haben beim zweiten oder dritten Durchgang auch die zaghaften Kinder den Mut, ihr Kuscheltier in den Koffer zu legen und mit auf die Reise zu gehen.

Steig ein, wir fahren los!

Matchbox-Autos gibt es in jeder Familie und jeder Einrichtung. Sie werden von den kleinen Jungen genauso geliebt wie von den Mädchen. Und sie werden fantasiereich bespielt. Dieses beliebte Spielzeug zu nutzen, um den Rhythmus der Sprache zu verinnerlichen, bietet sich daher geradezu an.

Alter: ab ca. 2 Jahren
Material: 1 kleines (Matchbox-) Auto, 1 Strohhalm oder Bleistift als „Tankschlauch"

Die Spielleitung sitzt mit einem oder zwei Kindern am Tisch oder auf dem Fußboden in der Bauecke. Sie hat ein kleines Auto in der Hand, mit dem sie hin und her fährt und dabei nachfolgenden Vers spricht:

Fährt ein Auto brumm, brumm, brumm,
immerzu im Kreis herum.
    Vor dem Kind mit dem Auto im Kreis herumfahren.

Und nun hält das Auto an,
damit der/die ... (Namen des Kindes sagen)
einsteigen kann.
    Auto hält vor dem Kind an.

Wieder fährt es brumm, brumm, brumm,
immerzu im Kreis herum.
    Wie oben.

Fährt nun eine ganze Strecke
mit dem/der ... (Namen des Kindes sagen)
um die Ecke.
    In großen Kurven mit dem Auto herumfahren.

Wieder fährt es brumm, brumm, brumm,
immerzu im Kreis herum.
    Wie oben.

Und nun hält das Auto an,
damit der/die ... (Namen des Kindes sagen)
aussteigen kann.
    Auto hält vor dem Kind an.

Und nun fährt es gar nicht mehr,
denn der Benzintank, der ist leer.
    Bleistift oder Strohhalm als „Tankschlauch" nehmen und an das Auto halten.

Ist der Tank dann wieder voll,
fährt das Auto los wie toll,
fährt mit lautem brumm, brumm, brumm,
immerzu im Kreis herum.
    Auf dem Tisch im Kreis herumfahren.

Hinweis: Dieses Spiel lässt sich auch als Vers beim „Wickeln" umsetzen. (siehe auch unter „Wickelverse", S. 94)

Tanz der Tiere

Laut und leise, langsam und schnell – diese Gegensätze müssen die Kinder nach und nach lernen. Wenn wir die ihnen bekannten Tiere aus ihrem Umfeld oder aus dem Zoo mit einer Handtrommel begleiten, „sehen" wir in unserer Fantasie, wie die Tiere sich vorwärts bewegen, wie sie „tanzen" gehen.

Alter: ab ca. 2½ Jahren
Material: 1 Handtrommel oder die „körpereigenen" Instrumente (wie Hände, Oberschenkel …)

Die Kinder sitzen im Kreis oder ein Kind sitzt einem Erwachsenen gegenüber. Der Erwachsene betätigt die Handtrommel. Das Kind soll zunächst nur **zuhören**!

Wollt ihr mal die Tiere sehn,
wie die Tiere tanzen gehen?

Die Schlange schlängelt sich ganz leis.
    Mit der Handfläche über die Trommel hin und her streichen oder die Kinder über ihre Oberschenkel.
Die Fliege fliegt ganz schnell im Kreis.
    Mit der Zeigefingerspitze kleine, schnelle Kreise auf der Trommel malen oder die Kinder auf ihre Oberschenkel.

Das Känguru hüpft auf und ab.
    Mit beiden Handflächen wechselweise auf die Trommel schlagen oder die Kinder auf ihre Oberschenkel.
Das Pferd dort läuft in schnellem Trab.
    Fingerkuppen „traben" über das Trommelfell oder die Kinder über ihre Oberschenkel.

Der Elefant stampft laut und kräftig.
    Mit dem Fäusten über die Trommel „stampfen" oder die Kinder auf ihren Oberschenkeln.
Das Walross wiegt sich nur bedächtig.
    Die Handflächen auf der Trommel hin und her schieben, oder die Kinder bewegen ihren Oberkörper langsam hin und her.

Dann dreht es sich im Kreis herum
    Mit der Handfläche einen Kreis auf der Trommel beschreiben Die Kinder stehen auf und drehen sich ein Mal um sich selbst.
und fällt dann um.– Bum!
    1x laut auf die Trommel schlagen. Alle Kinder fallen um und werfen sich auf den Boden.

Variante
Die Kinder können z. B. auch im Turnraum die Bewegungen der einzelnen Tiere mit dem ganzen Körper nachahmen und dabei den Raum mit einbeziehen. Die Spielleitung muss dann sehr langsam sprechen und ein Zeichen ausmachen (1 x die Klangschale anschlagen oder 1 x laut auf die Trommel schlagen), wobei die Kinder dann stehen bleiben und auf den weiteren Text hören müssen, um die Bewegungen dann entsprechend nachzuahmen.

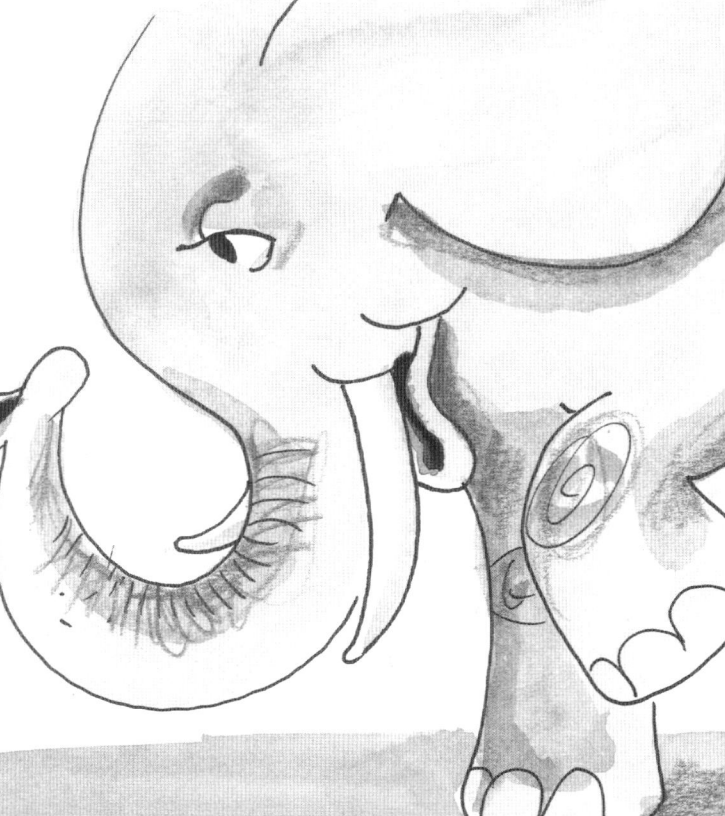

Wer möchtest du sein?

Alter: ab ca. 2½ Jahren
Material: Kasperpuppen, Fingerpuppen, Deko-Materialien, Verkleidungssachen (Tücher, Kleider, Blusen, Schals, Schuhe, Hüte, Flügel o. Ä.), größerer Spiegel, dickere Blumenstäbe, Kartoffeln, Kartoffelschälmesser, Stoffreste, Wollreste, Klebstoff, Holzkochlöffel

Ideensammlung

- **Kaspertheater:** Schon recht früh können Sie sich eine Kasperpuppe auf die Hand stecken und mit dem Kind über die Puppe sprechen. Wird es älter, kann auch eine zweite Puppe dazu genommen und sich hinter einer Kasperbühne (ein Tuch zwischen den Türrahmen gespannt tut es auch) versteckt werden. Bei jungen Kindern ist zunächst das **Zwiegespräch** wichtig. Auch einem Kuscheltier von zu Hause können Sie Ihre Stimme verleihen.
- **Fingerpuppen:** Nicht anders sieht es aus, wenn Sie mit Fingerpuppen spielen. Nehmen Sie höchstens zwei Puppen dafür und greifen Sie im Gespräch die Gedanken und Ideen des Kindes auf.

Rollenspiele/Theaterspiele –
Bis kleine Kinder die Welt begreifen, das dauert lange. Helfen wir ihnen, sich nach und nach in unserer Welt zurechtzufinden, und begleiten wir sie auf diesem Weg mit Kasperpuppen, Fingerpuppen und anderen Theaterspielen. Sie werden sehen, dass die Kinder kein Ende finden können und nach unendlich vielen Wiederholungen noch immer weiter machen wollen.

- **Tischtheater:** Andere Figuren, Schleichtiere oder kleine Puppen bieten sich für das Tischtheater an. Auf einem niedrigen Tisch, vor dem die Kinder gut sitzen oder stehen können, wird ein Tuch aufgelegt und eine kleine Landschaft gestaltet. Die kann der aktuellen Jahreszeit entsprechen oder das häusliche Umfeld betreffen. Die Spielfiguren sind dem Thema angepasst. Viel Freude bereitet es den Kindern, wenn die Spielleitung die Geschichte erzählt und sie zuhören können. Auch das Erzählen von Märchen beim Tischtheater ist beliebt. Ist diese Form des Theaterspielens schon länger bekannt, lassen sich die Kinder auch gerne mit einer entsprechenden Puppe oder einem Tier in das erzählte Geschehen einbinden. Federführend bei Krippenkindern muss aber immer der Erwachsene sein, da die Kleinen mit einer solchen Aufgabe noch überfordert wären.

- **Theaterspiel:** Mit 2½ bis 3 Jahren fangen die Kinder an, sich gerne zu verkleiden. Dafür können sie alles und jedes gebrauchen, was ein Familienhaushalt oder die Einrichtung hergibt. Geben Sie ihnen viel Raum und viele Dinge zur Auswahl! So eine Aktion kann über Wochen gehen oder auch als Dauereinrichtung in Form einer Verkleidungsecke in der Einrichtung installiert sein. Ein Spiegel, um sich betrachten zu können, ist hierbei unerlässlich!
- **Kartoffelkasper:** Aus einer Kartoffel und einem dickeren Blumenstab kann schnell ein Kartoffelkasper entstehen. Wollreste als Haare, ein Stoffrest als Kleid, das Gesicht mit dem Messer eingeschnitten – und fertig ist der Kartoffelkasper, der zum Zwiegespräch oder zum Kasperspiel einlädt.
- **Kochlöffelkasper:** Ebenso kann ein Holzkochlöffel mit wenigen Handgriffen in eine Stabpuppe verwandelt werden. Das Gesicht wird auf den Löffel aufgemalt und wieder dienen Stoffreste als Kleider und Wolle als Haare, um dann mit dem Spielen beginnen zu können. Auch hier geht es beim Herstellen der Kochlöffelpuppe nicht ohne die Hilfe des Erwachsenen.

Hinweis:
Dem Erwachsenen, der das Rollenspiel begleitet, kommt die „tragende" Rolle zu. Krippenkinder brauchen unbedingt diese Begleitung als Anleitung und Sprachvorbild! Der Erwachsene muss mittun, sonst verebbt das Rollenspiel bei kleinen Kindern. Sind sie dann langsam geübt, muss der Erwachsene rechtzeitig erkennen, wann er sich nach und nach zurückziehen kann. Aber wir lernen dabei auch die Kinder ganz anders kennen und können durch die direkte Zuwendung gegenseitig Vertrauen aufbauen.

Tischtheater

Es muss nicht immer die große Theaterbühne sein, deren „Bretter die Welt bedeuten". Auch ein ganz einfacher Tisch bietet sich zum Theaterspielen an. Kleine Biegepüppchen, etwas Naturmaterial und jede Menge Fantasie sind nötig und schon kann die Theatervorstellung los gehen.

Alter: ab 2½ Jahren passiv
Material: 1 Tisch, bis zu 4 Stühle für die Mitspieler (mehr sollten es nicht sein, wenn das Spiel für den Einzelnen überschaubar bleiben soll), farbige Tücher; Figuren (Playmobil- oder Biegepüppchen, kleine Holz- oder mit Sand gefüllte Tiere), die in der Geschichte vorkommen; diverse Utensilien, zur Gestaltung der Umgebung (Holzbäume, kleine Häuser, Naturmaterialien wie Steine, Gras, Moos, Baumrinden, Zapfen o. Ä.)

Zunächst wird eine Geschichte von der Spielleitung vorgelesen oder erzählt. Danach gestaltet die Kleingruppe zusammen mit ihr den Tisch mit den bereit gestellten Materialien. Es kann den Kindern auch die Aufgabe gestellt werden, am nächsten Tag die entsprechenden Hilfsmittel, die benötigt werden, mit in die Krippe zu bringen.

Die Spielleitung ist hier federführend und erzählt die Geschichte und bewegt entsprechend die Figur auf dem Tisch. Langsam werden die Kinder dabei sprachlich in den Text der Geschichte einbezogen, indem die Spielleitung die Kinder an einzelnen Stellen zum Reden auffordert.

Meist drängen die Kinder nach dem Spiel auf eine oder mehrere Wiederholungen. Nun liegt es am pädagogischen Geschick der Spielleitung, sich immer mehr zurückzuziehen und das eigentliche Spiel sowie die verbale Begleitung mehr und mehr der Kleingruppe zu überlassen. Mit der Zeit wird das den Kindern immer besser gelingen. Das Tischtheater kann einige Tage im Raum stehen bleiben, damit es Anregung für die Kinder bietet, das Spiel erneut aufzugreifen. Das Tischtheater soll in erster Linie der Sprechmotivation dienen.

So lassen sich nicht nur Märchen und Geschichten als Tischtheater nachspielen. Es gibt auch noch andere Möglichkeiten, z. B.:

• Lieder, die vom Text her genügend Möglichkeiten zum Nachspielen bieten.
• Erfundene Geschichten der Kinder zu den Themen „Urlaub", „Wald" oder einfach eine aktuelle Spielsituation, die gerade erlebt wurde.

Fingerspiele

Fingerspiele werden von Krippenkindern, ganz gleich ob sie passiv oder aktiv umgesetzt werden, immer wieder mit großer Freude erlebt. Die Finger sind in der Entwicklungskette des Kleinkindes zusammen mit den Füßen die letzten Körperteile, die es bewusst wahrnimmt. Zunächst wird der Kopf, dann der Körper (man denke an den ersten gemalten „Kopffüßler") und schließlich von der Körpermittellinie ausgehend die Arme und Beine mit Händen und Füßen bewusst erlebt. Somit kann die Spielleitung bei der Umsetzung von Fingerspielen sehr gut erkennen, welchen motorischen Entwicklungsstand ein Krippenkind hat. Durch die Fingerspiele werden Beweglichkeit und Differenzierung der Finger (Feinmotorik) geübt. Ebenso tragen die Texte der Fingerspiele, die meist in ein rhythmisches Versmaß eingeschlossen sind, zur Sprachbildung bei.

Der Zwerg auf dem Berg

Alter: ab ca. 1 Jahr

Ein klitzekleiner Gartenzwerg,
der wandert jetzt auf einen Berg.
> Zeige- und Mittelfinger laufen von der Hand über den Arm zur Schulter.

Dann setzt er sich auf seinen Po,
rutscht runter, und das geht dann so:
Huiiiiiiiiii!
> Mit der Faust von der Schulter bis zu dem Handrücken herunterrutschen.

Varianten

- Der Erwachsene kann sich auch eine Fingerpuppe auf den Finger setzen und mit diesem „echten" Zwerg auf den Berg wandern und herunterrutschen.
- Auch als Vers beim Wickeln umzusetzen.
  (s. u. „Wickelverse", S. 93f.)

Kriecht hier eine Schnecke ...

Alter: ab ca. 1 Jahr

Kriecht hier eine Schnecke
> Zeigefinger bewegt sich kriechend vorwärts.

kommt unter deine Decke.
> Zeigefinger versteckt sich unter der Decke oder dem Pullover des Kindes.

Kriecht sie wieder raus,
kommt aus ihrem Haus,
> Zeigefinger kommt wieder raus.

kriecht zu dir, weil sie das muss,
> Zeigefinger bewegt sich kriechend auf dem Arm oder dem Bauch des Kindes zum Mund.

gibt dir einen Schneckenkuss.
> 1 x mit dem Zeigefinger die Lippen berühren.

Mit den Fingerchen

Alter: ab ca. 1 Jahr
Spielform: am Tisch auf die Tischplatte klopfen

Mit den Fingerchen, mit den Fingerchen,
mit der flachen, flachen Hand.
Mit den Fäustchen, mit den Fäustchen,
mit den Ellenboden – klatsch!
    entsprechende Bewegungen machen

Mein Häuschen ist nicht gerade (trad.)

Alter: ab ca. 1 Jahr

Mein Häuschen ist nicht gerade,
das ist aber schade.
    Mit beiden Händen die Spitze eines Daches
    formen und schief halten.
Mein Häuschen ist krumm,
das ist aber dumm!
    Das schiefe Dach zur anderen Seite leicht
    geneigt halten.
Da bläst der böse Wind hinein,
    Kräftig in das Haus pusten.
plumps, fällt das ganze Häuschen ein.
    Beide Hände klatschen auf die Tischplatte.

Kommt ein Floh

Alter: ab ca. 1 Jahr

Kommt ein Mäuschen, baut ein Häuschen.
    Mit Zeige- und Mittelfinger über die Tischplat-
    te laufen und dann das spitze Dach eines Hau-
    ses nachahmen.
Kommt eine Mücke, baut eine Brücke.
    Flügelschlagen nachahmen, dann mit den
    Händen einen Brückenbogen bauen.
Kommt ein Floh, der piekt so!
    Der Zeigefinger hüpft über den Tisch und piekt
    das Kind am Ende in den Bauch.

Krabbelt einmal eine Maus ...

Alter: ab etwa1 Jahr

Krabbelt einmal eine Maus
bei der/dem ... (Name des Kindes)
in das Haus.
    Mit den Fingern über den Rücken laufen.
Krabbelt in die Haare rein,
sonnt sich dort im Sonnenschein.
    Die Finger laufen über den Kopf, streicheln die
    Haare und ruhen dann einen Augenblick auf
    dem Kopf.
Krabbelt dann mal hier, mal dort.
    Finger laufen über den Rücken und kitzeln
    kurz unter den Armen in den Achselhöhlen.
Und dann läuft das Mäuschen fort.
    Noch einmal mit den Fingern über den Rücken
    laufen.

Die Maus im Mauseloch

Man sieht etwas und dasselbe verschwindet gleich wieder, ist im nächsten Augenblick wieder da. Ein faszinierendes Spiel für die Kleinen!

Alter: ab ca. 1 Jahr
Material: 1 Fingerpuppenmaus oder einfach der Zeigefinger einer Hand

Mit dem Zeigefinger und dem Daumen einer Hand das „Mauseloch" formen. Der Zeigefinger der anderen Hand ist die „Maus", oder man stülpt ihm eine Fingerpuppenmaus über.

Die Maus schaut aus dem Mauseloch,
    Zeigefinger von unten durch das „Mauseloch" schieben.
du siehst sie nicht, – du siehst sie doch …
    Immer herausgucken lassen und wieder ins Loch zurückziehen.
Da kommt die kleine Maus
aus ihrem Mauseloch heraus.
    Die Fingerpuppenmaus oder Zeige- und Mittelfinger krabbeln auf dem Arm des Kindes entlang.
Auch du hast sie jetzt schon entdeckt,
da hat sie sich ganz schnell versteckt.
    Die „Maus" hinter dem Rücken verstecken.

Variante
Ältere Kinder können mit ihren Fingern das „Mauseloch" bilden oder der Erwachsene tauscht seine Mausrolle mit dem Kind.

Fünf kleine Enten

Alter: ab ca. 1 Jahr
Material: 1 Fingerhandschuh mit 5 Entenköpfen (oder mit den fünf Fingern einer Hand die Entenkinder darstellen)

Fünf kleine gelbe Enten
die rufen: „Nat, nat, nat!"
Sie rufen nach der Mama,
weil jede Hunger hat.
    Die einzelnen Finger bewegen.

Fünf kleine gelbe Enten
die kommen angeschwommen,
weil sie von ihrer Entenmama
zum Fressen was bekommen.
    Die Hände machen Wellenbewegungen.

Fünf kleine gelbe Enten
die rufen: „Nat, nat, nat!"
Die Mama füttert alle fünf,
nun sind die Enten satt.
    Der Daumen und Zeigefinger der anderen Hand bilden den Schnabel der Entenmama, die jedes einzelne Entenkind füttert (berühren der Fingerspitze mit dem Entenschnabel der Mama).

Regentropfen klopfen ...

Alter: ab ca. 1½ Jahren

Es regnet kleine Tropfen,
    Fingerbewegung von oben nach unten
die leise, leise klopfen.
    leise mit den Fingerspitzen auf die Tischplatte
    oder im Sitzkreis auf den Fußboden klopfen
Sie fangen an zu klatschen,
    laut mit der Handfläche auf die Tischplatte
    oder den Fußboden klatschen
zu pitschen und zu patschen.
    laut in die Hände klatschen
Sie prasseln auf das Dach
    laut mit den Fingerspitzen auf die Tischplatte
    oder den Fußboden trommeln
und fließen fort als Bach.
    wellenförmige Bewegungen mit den Händen
    in der Luft machen

Erst tröpfelt es

Alter: ab ca. 1½ Jahren
Spielform: am Tisch auf die Tischplatte klopfen

Erst tröpfelt es,
    mit den Fingerspitzen leise auf den Tisch klopfen
dann regnet es,
    lauter klopfen
dann hagelt es,
    noch lauter klopfen
dann blltzt es
    1 x in die Hände klatschen
und dann donnert es!
    mit den Fäusten auf den Tisch trommeln.

Die hungrige Raupe

Alter: ab ca. 1½ Jahren
Material: 1 Fingerpuppenraupe oder eine selbst gebastelte Raupe oder mit dem Zeigefinger einer Hand die Raupe nachahmen

Die Raupe auf dem grünen Blatt,
die frisst sich dick und rund.
Sie frisst und frisst und frisst sich satt
und das zu jeder Stund.
    Die Fingerpuppenraupe auf dem Tisch oder auf
    dem Arm des Kindes vorwärts bewegen.

Dann rollt sie sich zusammen
wie eine kleine Schnecke.
Du siehst nur noch ein'n runden Ball
in einer grünen Hecke.
    Den Finger mit der Fingerpuppe krümmen,
    dass sie sich zusammenrollt.

Und als sie wieder aufgewacht,
da freut sich jedes Kind,
weil Raupen, die durchs Blatt sich fressen,
viel interessanter sind.
    Die Fingerpuppenraupe bewegt sich wieder
    vorwärts.

Die Fliege Summsebrumm

Alter: ab ca. 1½ Jahren
Material: 1 Fingerpuppe „Biene"

Was fliegt dort in der Luft herum,
fliegt hin und her,
macht summ, summ, summ?
    Fingerpuppe vor dem Gesicht des Kindes hin
    und her fliegen lassen.

Auf deine Nase setzt es sich
und gibt dir einen kleinen Stich.
    Das Kind einmal mit der Biene auf die Nase
    stupsen.

Was fliegt dort in der Luft herum,
fliegt hin und her,
macht summ, summ, summ?
    Wie oben

Nun setzt es sich auf deinen Bauch
und auf den Kopf setzt es sich auch.
    Die Biene fliegt erst auf den Bauch und dann
    auf den Kopf und setzt sich.

Was fliegt dort in der Luft herum,
fliegt hin und her,
macht summ, summ, summ?
    Wie oben

Es ist die Biene Summsebrumm,
fliegt hin und her, macht summ, summ,
summ.
    Fingerpuppe vor dem Gesicht des Kindes hin
    und her fliegen lassen.

Nun fliegt die Biene schnell nach Haus
und ruht im Bienenstock sich aus.
    Die Biene fliegt noch einmal eine Runde vor
    dem Gesicht des Kindes und verschwindet
    dann hinter dem Rücken des Erwachsenen.

Der Tütenkasper

Alter: ab ca. 1½ Jahren
Material: 1 Tütenkasper

Kennst du den bunten Tütenkasper?
Der hat sich ganz versteckt.
In seiner kleinen, spitzen Tüte
da hab ich ihn entdeckt.
    Tütenkasper bleibt in der Tüte versteckt.

Nun schaut er jetzt ganz vorsichtig
mit den Augen über den Rand.
    Den Tütenkasper mit den Augen hervor schauen
    lassen.
Du siehst ihn gleich, du greifst nach ihm,
er hat dich schon erkannt.
    Tütenkasper zum Kind hin halten, damit es
    nach ihm greifen kann.

Da springt der Kasper ganz heraus,
    Tütenkasper ganz heraus schieben.
hat wieder sich versteckt.
    Kasper wieder in die Tüte hinein ziehen.
So geht das immer hin und her ...
du hast ihn längst entdeckt!
    Den Tütenkasper immerzu aus der Tüte heraus
    und wieder rein schieben.

Nun wird der Tütenkasper müde,
er gähnt, – (gähnen nachahmen) – das
kannst du sehn,
er muss jetzt schlafen und ganz schnell
in seine Tüte gehen.
    Tütenkasper langsam in seine Tüte ziehen.

In unserem Häuschen (trad.)

Alter: ab ca. 1½ Jahren

Während der Text gesprochen wird, laufen Zeige- und Mittelfinger hin und her über die Tischplatte.

In unserem Häuschen
sind schrecklich viel Mäuschen.
Sie trippeln und trappeln,
sie zippeln und zappeln,
und will man sie haschen, –
husch – sind sie weg.
> Bei dem Text der letzten Zeile die Hände hinter dem Rücken verstecken.

Pitsch und patsch

Alter: ab etwa 1½ Jahren

Pitsch und patsch, pitsch und patsch –
der Regen macht die Haare nass.
> Mit den Fingerspitzen Regentropfen auf den Haaren imitieren.
Springt von der Nase auf den Mund,
von dem Mund auf das Kinn,
von dem Kinn dann auf den Bauch,
> Mit einer Fingerspitze auf die angesagten Körperteile springen.
da ruht sich der Regen aus
und springt mit einem Riesensatz
auf die Erde – patsch!
> Am Schluss in die Hände (auf den Boden oder die Tischplatte) klatschen.

Unglücksfall

Alter: ab ca. 1½ Jahren

Beim Sprechen des Textes werden die einzelnen Finger des Kindes berührt oder angefasst. Angefangen wird mit dem Daumen.

Der ist ins Wasser gefallen.
Der hat ihn herausgezogen.
Der hat ihn abgetrocknet.
Der hat ihn ins Bett gesteckt und zugedeckt.
Und dieser Schlingel hat ihn wieder aufgeweckt.

Wenn's regnet, werd ich nass

Alter: ab ca. 1½ Jahren

Jeweils einen Finger des Kindes halten und dabei den Text sprechen. Mit dem Daumen beginnen.

Der sagt: Wenn's regnet, werd ich nass.
Der sagt: Wenn's regnet, macht's mir keinen Spaß.
Der sagt: Wenn's regnet, dann bleib ich zu Haus.
Der sagt: Wenn's regnet, dann geh ich nicht raus.
Der Kleine sagt: Wenn's regnet, dann ist es schön, dann kann ich mit dem Regenschirm zu meiner Krippe gehen.

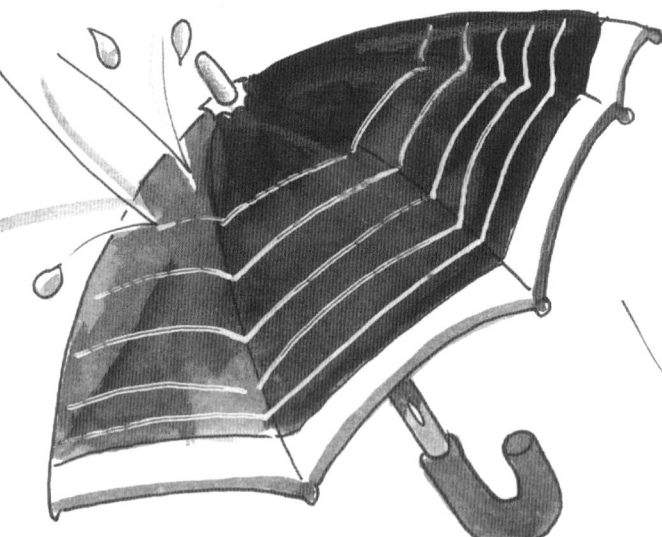

Alle meine Fingerlein   (trad.)

Fingerspiel zur Differenzierung und Benennung der einzelnen Finger.

Alter: ab ca. 2 Jahren

Alle meine Fingerlein
sollen einmal Tierlein sein.
> Die fünf Finger einer Hand in der Luft bewegen.

Das ist der Daumen dick und rund,
ist ein braver Schäferhund.
> Mit der anderen Hand den Daumen anfassen.

Zeigefinger ist ein stolzes Pferd,
ist bei allen sehr begehrt.
> Zeigefinger anfassen.

Mittelfinger ist die bunte Kuh,
die macht immer „muh, muh, muh"!
> Mittelfinger anfassen.

Ringfinger ist der Ziegenbock
mit dem langen Zottelrock.
> Ringfinger anfassen.

Und dies kleine Fingerlein
soll einmal mein Lämmlein sein.
> Kleinen Finger anfassen.

Tierlein, Tierlein, hopp, hopp, hopp,
laufen immer im Galopp.
> Mit allen Fingern über den Tisch oder auf dem Fußboden laufen. Gleichzeitig mit der anderen Hand einen „Stall" bilden, indem alle 5 Fingerspitzen auf den Tisch aufgestellt werden, dass sie einen Bogen ergeben.

Laufen in den Stall hinein,
denn es soll nun Abend sein.
> Alle Finger („Tiere") laufen in den „Stall" der anderen Hand.

Ein Flugzeug am Himmel

Alter: ab ca. 2 Jahren
Spielform: am Tisch oder im Teppichfliesenkreis

Kommt ein Flugzeug angeflogen
hoch, ganz hoch in weitem Bogen.
> Die flache Hand als Flugzeug in der Luft kreisen

Senkt sich auf die Erde nieder,
kreist noch einmal hin und wieder.
> Die Hand senkt sich langsam in Bögen über der Tischplatte kreisend.

Rollt dann auf der Rollbahn aus,
> Die flache Hand fährt langsam über den Tisch und hält an.

kommt, ihr Leute, steigt jetzt aus.
> Eine winkende Bewegung mit der Hand. Dann machen beide Hände eine Bewegung als sich öffnende Tür.

Varianten

Dieses Fingerspiel lässt sich auch als Bewegungsspiel im Turnraum durchführen. Zunächst fliegen alle mit ausgebreiteten Armen als Flugzeug durch den Raum, gehen dann in die Knie, drehen sich im Kreis und landen schließlich alle bäuchlings auf dem Boden. Zum Schluss stehen alle auf und gehen durch den Raum.

Spiele mit Alltagsmaterial

zur Förderung der taktilen und visuellen Wahrnehmung

Weniger ist oft mehr!

Krippenkinder brauchen nicht viel Spielzeug, obwohl uns der Markt mit „altersgerechtem" und „bildungsförderndem" Spielzeug geradezu überschwemmt. Sicher ist eine Menge gutes und pädagogisch wertvolles Spielmaterial darunter. Aber das muss zunächst nicht sein, ob in der Krippe oder in der Familie: Viele Spielmöglichkeiten und -ideen für Krippenkinder sind in Ihrer unmittelbaren Nähe und mit wenig Aufwand zu beschaffen.

Bei der Auswahl des Spielmaterials sollte überlegt werden, welches Material die Kleinstkinder am besten anregt,

- sich zu bewegen
- intensive sinnliche Erfahrungen zu machen, auch in der Natur
- etwas Neues zu entdecken
- konzentriert zu spielen
- intensiv zu erforschen
- allein oder mit anderen zusammen zu spielen
- mit Erwachsenen zu spielen, ohne dass diese das Spiel dominieren
- zu Lebensfreude und Spaß, zu Humor, Witz oder zum Quatsch machen.

Nachfolgende Auflistung von Materialien soll zu weiterführenden Ideen anregen:

Alltagsmaterialien aus dem Haushalt:
- Töpfe, Pfannen, Becher, Deckel, Schüsseln
- Kannen, Kellen Schneebesen
- Strohhalme, Pipetten, Löffel, Trichter, Filter, Sieb
- Messbecher und andere Küchenutensilien
- Kissen, Bindfaden, Wolle, Taue, Seile
- Schwämme, Lappen, Seife
- Korken, Schraubverschlüsse ...

Behälter in verschiedenen Größen und Formen zum Befüllen, Transportieren und Aufbewahren wie z.B.:
- Körbe, Kisten, Kästen
- Taschen und Koffer
- Rucksack
- Schubkarren, Einkaufswagen
- Eimer, Wannen

Bewegungsgeräte und Materialien zum:
- Balancieren, Klettern
- Rollen, Rutschen, Kreiseln
- Hangeln, Durchkriechen
- Schaukeln, Schwingen
- Wippen, Werfen, Stoßen

Mal-, Gestaltungs- und Bastelmaterial

Musikinstrumente und andere Materialien, die Geräusche erzeugen

Naturmaterialien, z. B.:
- Blätter, Stöcke, Äste, Baumrinde
- Muscheln, Steine, Feder
- Kastanien, Tannenzapfen, große Bohnen
- Wasser, Erde, Sand ...

Optische Materialien und Geräte wie z. B.:
- Spiegel, Lupen
- Kaleidoskop
- Taschenlampen, Schattenwand

Plastisches und elastisches Material, das verformbar ist, z. B.:
- Ton, Lehm, Knetteig
- Matsch
- Pappmaschee
- Schaumstoff, Gummi ...

Rollenspiel-Utensilien für Alltagsthemen, z. B.:
- Schuhe, Hüte, Schals
- Erwachsenenkleidung
- Friseurzubehör
- Bauhelme, Zollstock
- Verbandszeug ...

Wenn Sie mit Krippenkindern leben und arbeiten, werden Sie sicher selbst Ideen entwickeln. Schauen Sie genau hin, wenn Ihre Kinder spielen! Sie brauchen nur das Spiel aufzugreifen und Sie werden genauso viel Spaß dabei haben wie die Kleinen!

Spiele mit Alltagsmaterialien
Denken Sie beim Spiel mit für das Kind alltäglichen Materialien, dass Sie den Krippenkindern lange Zeit zunächst nur eine Möglichkeit anbieten. Ein ständiger Wechsel würde sie überfordern. In diesem Alter wird die Basis dafür gelegt, dem kleinen Kind Raum und Zeit zum Experimentieren und Verinnerlichen zu geben, damit es selbst den nächsten Schritt in seiner Entwicklung gehen kann. Genaue Beobachtungsgabe, ein umfangreiches Zeitmanagement und viel Empathie (Einfühlungsvermögen) werden dabei von den betreuenden Personen eingefordert.

Spiel- und Kreativangebote

Verstecken spielen

Alter: ab ca. 1 Jahr
Material: Tücher, Decken, Netze, Schwungtuch, „Erste-Hilfe-Decken", Gardinen, Kartons in allen Variationen, ... – der Fantasie sind keine Grenzen gesetzt.

- Verstecken – Es fängt mit einem Tuch über den Kopf legen an, meist auf dem Wickeltisch. Das alte, traditionelle „Guckuck-baa-Spiel" hat bisher viele Generationen begeistert und nichts an Attraktivität eingebüßt.
- Sind die Kinder etwa 1 bis etwa 1½ Jahre, verstecken sie sich hinter den Türen, an der Seite des Schrankes und anderen Orten in der Krippe oder in der Wohnung. Selbstverständlich ist es zunächst immer dasselbe Versteck! Das ist wichtig, denn das gibt ihnen die Sicherheit und das Vertrauen, dass die Bezugsperson das Kind auch tatsächlich findet! Durch die ständigen Wiederholungen hat das Gehirn Zeit, diese Erfahrungen abzuspeichern.

- Etwa im gleichen Alter dürfen auch andere Hilfsmittel zur Veränderung dazu geholt werden. Es genügt ein Netz, das man über das Kind und seine liebsten Spielgefährten legt, damit sie sich „im Versteck" fühlen. Kinder in diesem Alter haben eine unendliche Ausdauer, dieses Spiel ständig zu wiederholen.

Während der Erwachsene auf die Suche nach dem versteckten Kind geht, kann er nachfolgenden Vers dabei langsam sprechen:

Der (die) ... (Namen des Kindes sagen) ist weg,
wo hat er (sie) sein (ihr) Versteck?
Ich suche dich und find dich ja,
der (die) ... ist wieder da!

Wasserspritzer

Das Spiel mit Wasser ruft bei allen Kindern Freude hervor und kann in den vielfältigsten Varianten erlebt werden. Deshalb gibt es eigentlich keine Altersbeschränkung. Setzt man das Spiel mit Wasser in der Krippengruppe ein, muss sich der Verantwortliche schon klar darüber sein, was, wie, wo und mit welcher Gruppengröße das Angebot umgesetzt werden soll.

Alter: ab 1 – 1½ Jahren
Material: Wasserspieltisch, Badewanne, Waschbecken oder andere Behältnisse, die mit Wasser gefüllt werden können

Hier eine Ideensammlung, wie das Spiel mit den „Wasserspritzern" bei Krippenkindern Freude hervorruft und erfahren werden kann:

- Die Hände in das Wasser halten, fühlen, patschen, durch die Finger gleiten lassen
- Hände oder auch Füße in Behälter mit warmem und kaltem Wasser halten. Spürt das Kind den Unterschied zwischen warm und kalt? Während der Aktion die Empfindung verbalisieren lassen und somit Sprache und Erlebnis in unmittelbaren Zusammenhang bringen.

- Experimentieren mit Wasser: Kleine Gefäße (Quarkschalen, Joghurtbecher, kleine Plastikflaschen, Trichter, saubere Plastikspritzen ...) mit Wasser füllen, das Wasser ausschütten usw. Das Kind individuell damit agieren lassen und nur eingreifen, wenn die Spielfreude den Rahmen sprengt (z. B. Wasser außerhalb des Wasserspieltisches oder der Wanne ausgekippt wird).
- Die eigene Puppe baden, waschen ...
- Puppenwäsche waschen, auswringen, auf die Wäscheleine hängen ...
- „Frühjahrsputz" im Kinderzimmer / in der Krippe: Legosteine, Bauklötze usw. waschen, zum Trocknen auf Handtücher legen und wieder einräumen.
- Mit 2-Jährigen: „Was schwimmt, was schwimmt nicht?" Gegenstände aus dem Umfeld des Kindes aus Holz, Metall und Plastik vom Kind holen lassen und nacheinander ins Wasser legen. Beobachten, ob das Material auf den Boden der Wanne sinkt oder ob es schwimmen kann ...
* „Wir sind Maler": Jedem Kind einen kleinen Sandeimer halb voll mit Wasser füllen, einen breiten Malerpinsel in die Hand geben. Nun darf jedes nach draußen gehen und das Klettergerüst auf dem Spielplatz, Stühle, Bänke oder Tische „anstreichen".

Hinweis:
Stellen Sie bei diesen Aktionen einen Eimer, ein Scheuertuch und einen Schrubber griffbereit an die Seite! So sind Sie bei größeren „Überschwemmungen" auf der sicheren Seite und können den „Wasserschaden" schnell beheben, wenn er sich über den Fußboden ergießt.

Haben die Kinder beim Spiel mit Wasser Kleidung zum Wechseln in der Kita?
Eine Mülltüte, in die Armlöcher und Halsausschnitt geschnitten sind, schützen ebenfalls vor nasser Kleidung.

Wasserspiele mit Badeschaum

Was gibt es Schöneres, als mit Wasser und Schaum zu spielen und damit zu experimentieren!

Alter: ab ca. 1½ Jahren
Förderung: taktile Wahrnehmung, Finger- und Handgeschicklichkeit, Freude am nassen Element
Material: Plastikschalen mit Wasser und Badeschaum (oder 1 Wasserspieltisch mit entsprechenden Materialien), diverse unterschiedliche Schwämme, Joghurtbecher, Esslöffel, Pinsel usw.

Am besten eignet sich dieses Angebot für die warme Jahreszeit, um es im Freien durchzuführen. Mit Wasser und Badeschaum gefüllte Schalen werden auf eine niedrige Bank gestellt, oder ein Wasserspieltisch wird nach draußen ins Freie geschoben. Die Kinder bekommen Schwämme mit unterschiedlichen Strukturen (großporiger Naturschwamm, feinporiger Schwamm usw.). Nun dürfen sie die Schwämme nach Herzenslust im Wasser untertauchen, zusammendrücken, das Wasser heraus laufen lassen und dergleichen mehr. Der Experimentierfreude der Kinder sind keine Grenzen gesetzt.
Je länger sie damit spielen, je mehr Schaum bildet sich.

Als **Variante** bietet es sich an, älteren Kindern nun

- Esslöffel und Joghurtbecher zu geben, die sie dann mit dem Badeschaum füllen können.
- breite Pinsel dazu zu geben, um den Schaum dann als „Farbe" zu benutzen, womit sie die Bänke oder andere Dinge im Freien „anstreichen" können.

In der Familie kann das Kind in die Badewanne gesetzt werden und mit reichlich Wasser und Badeschaum spielen. Dabei ist zu beachten, dass der Körper des sitzenden Kindes nur bis zu den Oberschenkeln mit Wasser bedeckt ist, um Unfälle zu vermeiden. Ein großer Spaß ist es auch, wenn Papa oder Mama mit dem Kind in die Badewanne steigen. Der so wichtige Körperkontakt erlebt mit so einem gemeinsamen Bad einen absoluten Höhepunkt. Nähe, taktiles Körperempfinden und gemeinsame Freude sind kaum durch andere Aktivitäten zu ersetzen und zwar auf Seiten des Kindes genauso wie beim Erwachsenen. Nehmen Sie sich ab und zu diese Zeit!

Das Tastbrett

Um ein Tastbrett für die Krippe herzustellen, bedarf es nur wenig zeitlichen und finanziellen Aufwand. In den Baumärkten oder im hauseigenen Keller oder auf dem Boden finden sich diverse Materialien, die auf das Tastbrett geklebt und dann von den Kleinen gefühlt werden können.

Material: 1 Unterlage (Presspappe, Holz o. Ä.), Heißkleber, Tastmaterial (s. u.)

Eine Presspappe, die Unterlage eines alten, auf Holz gezogenen Bildes oder Ähnliches kann als Untergrund für das Aufkleben der Tastmaterialien dienen. In der Regel reicht zum Ankleben eine Heißklebepistole. Dabei kommt es auf die Beschaffenheit der Oberfläche des noch freien Tastbrettes an.

Verwerten Sie vorhandene „alte" Sachen, bleiben die Kosten sehr gering. Es muss ja kein Tastbrett sein, das ein Leben lang hält. Wenn alle Krippenkinder eines Jahrgangs für einen längeren Zeitraum daran ihren Tastsinn erprobt haben, hat das Tastbrett schon seinen Sinn erfüllt.

Hier einige Vorschläge:
- Tennisbälle
- Nussschalen
- Bürsten in jeder Form und unterschiedlicher Konsistenz
- Teppichbodenreste
- Schwämme mit verschiedenen Oberflächen
- Fellreste
- Topfkratzer
- Muscheln in allen Größen und Formen
- Steine mit verschiedenen Oberflächenstrukturen und Größen

Der Fantasie sind keine Grenzen gesetzt. Allerdings sollte darauf geachtet werden, dass die Flächen der Materialien sauber sind und den kleinen, experimentierfreudigen Händen der Krippenkinder Stand halten.

Dazu ist es wichtig, **das Tastbrett regelmäßig zu kontrollieren**, ob alle Materialien noch fest auf dem Brett verankert sind.

Variante

Ältere Kinder können versuchen, zwei gleiche Materialien herauszufinden und sie dann entsprechend benennen.

Hinweis: Je jünger die Kinder, je mehr muss ein Erwachsener das Tastbrett unter ständiger Beobachtung haben, da sehr kleine Kinder alles noch gerne in den Mund nehmen (auch ablecken) und auf diese Weise ihre Erfahrungen machen.

Der Tastweg

Die taktile Wahrnehmungsförderung kann nicht nur über die Hände und den Körper laufen, auch die Füße sollten lernen, taktile Reize adäquat zu verarbeiten. Was bietet sich da mehr an, als mit nackten Füßen über eine aus Alltagsmaterialien gelegte Wegstrecke zu spazieren?

Alter: ab ca. 1½ Jahren
Material: weiche Decke, Plastikplane, Holzbrett, Teppichfliesen, Fußabtreter mit unterschiedlichen Oberflächen, Styroporteil, Matratze, leicht aufgeblasene Luftmatratze ... was immer im privaten Haushalt oder in der Einrichtung zu finden ist.

Die Materialien werden als Weg durch den Raum gelegt und die Kinder gehen vorsichtig barfuß über diesen Tastweg.
Am Anfang ist es sinnvoll, besonders die jungen Kinder an die Hand zu nehmen, um ihnen ein Gefühl der Sicherheit zu geben. Sind die Kinder etwas älter und mit ähnlichen taktilen Übungen schon vertraut, so schaffen sie das auch schon alleine. Vielleicht versucht der eine oder die andere dann auch dabei die Augen zu schließen, um das Fühlen mit den Füßen zu intensivieren. Allerdings sollte ein Kind mit geschlossenen Augen von einem anderen oder vom Erwachsenen an der Hand geführt werden (eher erst ab 3 – 4 Jahren).

> Erst nach dem Krippenalter sind Kinder in der Lage, die Augen längere Zeit geschlossen zu halten. Deshalb ist es sinnvoll, das die Kinder auf freiwilliger Basis und ohne Augenmaske oder Schal ausprobieren zu lassen, um unnötige Ängste zu vermeiden.

Das Luftballonbett

Ein Kissenbezug, gefüllt mit aufgeblasenen Luftballons – mit wenig Aufwand wird eine große Wirkung erzielt – und der Spaß kommt dabei auch nicht zu kurz!

Alter: ab ca. 1½ Jahren
Material: diverse aufgeblasene, feste Luftballons, 1 Kissen- oder Bettbezug

Die Luftballons werden nicht zu stark aufgeblasen und in einen Kissen- oder Bettbezug gesteckt, der dann geschlossen wird. (Evtl. die Öffnung zusätzlich mit einem Seil oder Wollfaden zubinden, damit die Luftballons nicht bei Belastung herausgedrückt werden.)

Nun darf sich ein Kind ganz langsam auf den mit Luftballons gefüllten Kissenbezug legen. Die Gruppe oder der Erwachsene alleine bewegt nun langsam das „Luftballonbett" hin und her, vor und zurück.
Wenn das Kind auf dem Bett nicht mehr liegen möchte, kommt das nächste an die Reihe.

Dabei kann ein Vers gesprochen werden:

Das Luftballonbett, es schaukelt,
es schaukelt hin und her.
Und wenn du keine Lust mehr hast,
sagst du: „Ich will nicht mehr!"

Dann kommt das nächste Kind an die Reihe.

Hinweis:
Es darf nicht auf das „Luftballonbett" gesprungen oder darauf herumgehüpft werden, damit die Ballons nicht platzen.
Es empfiehlt sich, die Luftballons nur schwach aufzublasen, um ein Knallen zu vermeiden.

Gerade kleine Kinder haben oft Angst vor dem Knall, da sie sehr geräuschempfindlich sind.

Aktionen mit Flaschen und Dosen

In jedem Haushalt gibt es Plastikflaschen, die meist nach ihrem Gebrauch in der „gelben Tonne" verschwinden. Sammeln Sie über einen längeren Zeitraum hin diese Flaschen, und die ihnen anvertrauten Krippenkinder werden ihren Spaß damit haben. Und nicht nur das. Sie üben dabei ihre Geschicklichkeit und ihre Wahrnehmung. Ein kostenloses Spielvergnügen!

Alter: ab ca. 1½ Jahren
Material: unterschiedliche Plastikflaschen und -dosen mit Schraubverschluss, kleine Gegenstände aus dem Umfeld des Kindes

Vorbereitung:
Sammeln Sie über einen längeren Zeitraum hin Plastikflaschen und/oder –dosen mit Schraubverschlüssen in allen Größen. Reinigen Sie diese gründlich, dass keinerlei Rückstände mehr darin zu finden sind!

Aktionen mit Plastikflaschen

- Zunächst bekommt jedes Kind eine Flasche. Es wird sie betrachten, befühlen, vielleicht beklopfen, sie schütteln oder sich darauf legen. Beobachten Sie das Kind beim Experimentieren und greifen Sie nicht ein! Irgendwann wird es merken, dass sich der Deckel drehen lässt. Und irgendwann wird es den Schraubverschluss selbst abdrehen. Was für ein tolles Erlebnis für das Kind, das aus eigener Kraft geschafft zu haben! Genauso wird es jetzt versuchen, den Deckel wieder aufzuschrauben. Lassen Sie dem Kind Zeit, das für sich alleine auszuprobieren!
- Wenn sich dieses Spiel erschöpft hat, geben Sie ihm eine und später weitere Flaschen unterschiedlicher Größe und Umfang dazu. Es wird eine zeitlang brauchen, bis alle Schraubverschlüsse abgeschraubt und dann wieder der richtigen Flasche zugeordnet und aufgeschraubt werden.
- Beherrscht das Kind dieses Spiel, können wir ihm kleine Gegenstände aus seinem Umfeld anbieten, die in eine Flasche gesteckt werden können, um aus dem Blickfeld des Kindes zu verschwinden. Die Neugier, die geweckt wird (wo ist z. B. der Legostein verschwunden?), wird groß sein. Neugier, der beste Weg zum Lernen!
- Erst später kann eine zweite oder dritte Flasche dazu gestellt werden. Überfordern Sie das Kind nicht mit zu viel Reizen! Weniger ist oft mehr.

Aktionen mit Plastikdosen

Nacht- oder Tagescreme gibt es meistens in Plastikdosen. Diese Dosen mit ihren Schraubdeckeln eignen sich besonders gut zum Üben der Handgeschicklichkeit bei Krippenkindern.

- Wenn die Dosen gründlich gereinigt sind, kann dem Kind eine Dose angeboten werden. Es wird versuchen, den Deckel ab- und wieder aufzuschrauben.
- Stehen verschiedene Dosen zur Verfügung, ist es für das Kind eine große Leistung, die Dosendeckel den entsprechenden Dosen zuzuordnen und diese zuzuschrauben.

Das Spiel bekommt für das Kind mehr Spannung, wenn Sie in jede Dose etwas hineinlegen – eine Murmel, ein Gummibärchen oder Ähnliches.

Greifen Sie nicht in das Spiel der Kinder ein (bzw. nur dann, wenn „Gefahr" droht und sie sich vielleicht verletzen können).
Lassen Sie den Kindern Raum und Zeit, Erfahrungen zu sammeln und sich am Spiel der Bewegung zu erfreuen! Sie werden als BeobachterIn am Spiel der Kinder genauso viel Spaß haben.

Papprollen

Leere Papprollen gibt es in jedem Haushalt und in jeder Krippe – werfen Sie sie nicht weg! Je vielfältiger das „Rollenangebot", desto größer die Experimentiermöglichkeiten für die Krippenkinder!

Alter: ab ca. 1½ Jahren
Material: unterschiedliche Papprollen (dicke, dünne, große, kleine von Toilettenpapier, Haushaltsrolle, Geschenkpapier, Garn, Wolle, Stoffen oder Bändern, aus Nähgeschäften und Baumärkten ...)

Legen Sie die Rollen zu einem Berg in eine Ecke des Raumes oder in eine Plastikwanne und warten Sie ab, was geschieht.
Die Kinder werden die Rollen in unterschiedliche Rollpositionen bringen, sie in Bewegung setzen, beobachten, sich an der Bewegung erfreuen. Sie werden sie als „Fernrohr" benutzen, hindurch sehen ... Vielleicht werden sie versuchen, sie aufrecht hinzustellen, ohne dass sie umkippen, vielleicht um sie herum laufen ...

Erst nach geraumer Zeit sollten Sie Denkanstöße geben, um den Spielideen der Kinder neue Akzente zu setzen.

Rasierschaum – nicht nur für Papa

Zur Förderung des Berührungsempfindens, einer Basiswahrnehmung, eignet sich hervorragend der Rasierschaum. In einer Nasszelle in der pädagogischen Einrichtung oder in der Duschecke oder Badewanne zu Hause genießen bei dieser Aktion Lebensfreude und taktile Förderung einen gleich hohen Stellenwert.

Alter: ab ca. 1½ Jahren
(das Kind sollte des Rasierschaum nicht mehr in den Mund nehmen oder die betreuende Person muss gut aufpassen!)
Material: reichlich Rasierschaum aus der Spraydose (der billigste aus dem Drogeriemarkt reicht völlig aus), Handtücher, Duschgel, wohl riechende Körperlotion.

Durchführung

Das Kind geht nackend in die Nasszelle, Duschecke oder setzt sich in die Badewanne. Die Spielleitung drückt nun Rasierschaum in die Hände des Kindes. Zunächst wenig, damit es die Beschaffenheit testen und ausprobieren kann, ob es damit experimentieren möchte. Sollte das Kind eine Abneigung gegen das Material empfinden, bitte sofort die Aktion abbrechen!

Das Kind wird den Erwachsenen um mehr Rasierschaum bitten, damit es adäquat damit experimentieren kann. Letztlich sollte der ganze Körper mit dem Rasierschaum eingecremt sein. Allerdings sollte das vom Kind selbst ausgeführt werden, damit es sich auch selber Grenzen setzen kann, wenn es nicht mehr möchte.

Wenn die Spielfreude beim Kind nachlässt, duschen Sie es gründlich ab, entfernen Sie mit Duschgel die Rasierschaumreste und frottieren es dann tüchtig ab. Anschließend kann dem Kind mit dem Einreiben einer wohlriechenden Körperlotion ein angenehmes Körpergefühl vermittelt werden.

Variante

Steht dem Krippenkind keine oben genannte Nasszelle zur Verfügung, kann auch ein Wasserspieltisch oder eine große Plastikwanne für dieses Angebot genommen werden. Bei der Plastikwanne muss darauf geachtet werden, dass sie beim Spielen mit dem Schaum nicht mit dem Kind umkippt.

Sinnvoll ist es, den Kindern (höchstens zwei, die sich gegenüber stehen) große Plastiksäcke, in die oben ein Loch für den Kopf und an den Seiten zwei Löcher für die Arme ausgeschnitten wurden, überzuziehen. Allerdings ist die so wichtige taktile Wahrnehmung dann nur auf die Hände beschränkt.

Fühlen, matschen, kneten

Alter: ab ca. 1½ bis 2 Jahren / grundsätzlich mit der Begleitung eines Erwachsenen

Sensibilisierung der Hände im Alltag

- Tischlappen auswringen (Wasser ausdrücken)
- Puppenwäsche waschen
- Wäscheklammern an einen Topf klammern („Pinzettengriff!")
- Reißverschlüsse oder Knöpfe öffnen und schließen
- etwas mit einem Kindermesser schneiden (Dinge, die weich und leicht zu schneiden sind z. B.: gekochte Kartoffeln, Bananen ...)
- etwas mit der Gabel aufspießen
- Plastikgeschirr abwaschen
- Tisch decken
- backen – kneten, Teig ausrollen mit Rollholz, Kekse ausstechen

- Blumen pflücken – mit rechter und linker Hand – üben der Beidhändigkeit
- gekochte Kartoffeln mit Stampfer zu Brei stampfen
- im Kochtopf rühren u.a.m.

Spielmöglichkeiten zur Sensibilisierung der Hände

- Jede Form von ein- und beidhändigem Malen auf großen Flächen (z. B. Tapetenresten oder auch Tafel) mit den Händen und Fingerfarben, Wachsmalern, Tusche
- Papier schneiden, reißen, knüllen
- Finger einzeln oder die ganze Hand in Ton, Salzteig, Knete, Kuchenteig drücken
- spielen und matschen in nassem Sand
- freies Agieren und Matschen mit Rasierschaum, Fingerfarben, Salzteig oder Kleister
- Spiel mit Wasser, Trichtern, Flaschen, Joghurtbechern usw. (im Sommer im Garten / in den Räumlichkeiten ist auf Kleidung zum Wechseln zu achten und auf alte Hemden zum Überziehen zum Schutz der Kleidung)
- Rhythmisches Patschen mit der flachen Hand auf dem Boden liegend oder am Tisch nach Musik auf der Tischplatte oder auf die Oberschenkel (Erwachsener macht langsam vor, das Kind ahmt nach)

Hinweis:
Achten Sie auf Wechselkleidung, wenn mit Wasser oder Farben hantiert wird. Auch eine große Mülltüte, bei der der Halsausschnitt und die Armlöcher ausgeschnitten sind, eignen sich gut zum Überziehen und als Schutz.

Rezepte zum Herstellen von Fingerfarbe, Knete und Salzteig

Fingerfarbe

ca. 400 ml Wasser (eher mehr)
2 gehäufte TL Speisestärke
Lebensmittelfarbe od. Pflanzensäfte

Die Speisestärke in das kalte Wasser geben und 5 bis 10 Minuten unter Rühren zum Kochen bringen. Wird die Farbe zu dickflüssig, rasch Wasser nachgeben bzw. die Kochzeit verkürzen.
Für die gewünschte Farbe Lebensmittelfarbe od. Pflanzensäfte dazugeben.

Knete

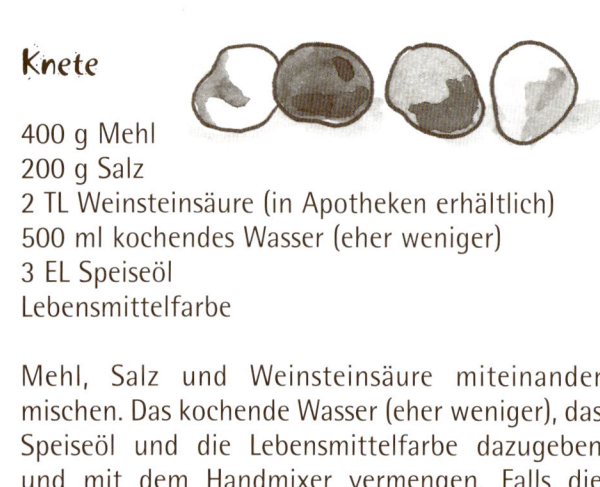

400 g Mehl
200 g Salz
2 TL Weinsteinsäure (in Apotheken erhältlich)
500 ml kochendes Wasser (eher weniger)
3 EL Speiseöl
Lebensmittelfarbe

Mehl, Salz und Weinsteinsäure miteinander mischen. Das kochende Wasser (eher weniger), das Speiseöl und die Lebensmittelfarbe dazugeben und mit dem Handmixer vermengen. Falls die Substanz zu trocken ist, noch etwas Öl nachgeben.

Salzteig

500 g Salz
500 g Mehl
2 EL Öl
Wasser
evtl. einige Löffel angerührter Tapetenkleister

Salz, Mehl und Öl mit kaltem Wasser zu einem festen, aber dennoch formbaren Teig verarbeiten. Eventuell einige Löffel angerührten Tapetenkleister dazugeben – das erhöht die Geschmeidigkeit des Teiges.

Farbenspritzer

Farben im Tuschkasten, Farben in der Natur, Farben in unseren Kleidungsstücken ... – wir begegnen ihnen überall in einer schier unendlichen Vielfalt. Kinder sind fasziniert von Farben und lassen sich in ihrem Strom mitreißen, wenn sie sich Wolle aus einem Korb herausnehmen, mit Buntstiften oder mit Fingerfarben malen wollen. Diese Begeisterung für Farben können wir nutzen, um bereits bei den Krippenkindern die Neugierde und Freude am Experimentieren zu wecken.

Alter: ab ca. 2 Jahren aktiv, passiv (mit Erwachsenem als Akteur) auch früher

Pinseln und patschen

Farben mit dem Körper erfahren – eine Ideensammlung

Nachfolgende Möglichkeiten bieten sich zum kreativen Spiel mit Farben an:

Freies Experimentieren
mit Fingerfarben an einer Malwand, an einer Staffelei, auf Tapetenresten, auf dem Boden ausgerollt, an Fliesen ...

Anmalen der Hände und Füße
mit Fingerfarben
(s. a. *Fühlen, matschen, kneten*, S. 81)

Anmalen der Hände und der einzelnen Finger
mit Fingerfarben zur Differenzierung der Finger
(s. a. *„Das ist der Daumen dick und rund"*, S. 88)

Malen mit Fingerfarben auf Pappen,
auf denen Meterware in Stoffgeschäften aufgewickelt ist. (Diese Unterlage rutscht nicht, ist daher günstig für junge Kinder!)

Fingerfarben in Prospekthüllen
Zwei verschiedene Farben in eine Prospekthülle drücken, die Öffnung fest mit Tesaband oder Tesakrepp verschließen, dann mit beiden Händen und leichtem Druck die Farben in der Folie verteilen. Das Farbenspiel beobachten. Eventuell ans Fenster hängen oder kleben, um den Leuchteffekt zu verdeutlichen.

„Mischfarben"
Farben großzügig auf Tapetenresten (mit den Händen oder mit breiten Pinseln) vermischen und die Veränderungen dabei beobachten.

Kleisterfarben
Ebenso mit Kleister und Farben verfahren. Auf Tapetenresten oder anderem festeren Untergrund werden Farben mit Kleister gemischt und dann beidhändig auf der Fläche verteilt (evtl. später Sand dazu geben, der die „taktile Wahrnehmung" verändert).

Malen mit Straßenkreiden
Auf Steinen mit Straßenkreiden malen. Später eventuell die Kreidelinien mit einem breiten Pinsel und Wasser individuell „verändern" (vermalen).

Körper mit Körperfarbe bemalen
Dazu eignen sich die heißen Sommertage, an denen die Kleinen nackend im Garten laufen können, damit sie nach der Aktion mit einem Gartenschlauch abgeduscht werden können.

Sand und Wasser

Im Sandkasten, aber auch in großen Schalen oder am Wasserspieltisch lässt es sich hervorragend mit Sand und Wasser matschen. Krippenkinder brauchen diese Erfahrungen nicht nur in der warmen Jahreszeit, sondern das ganze Jahr über.

„Farbspuren"

Eine Papier- oder Tapetenrolle wird auf dem Boden ausgerollt. Das Kind sucht sich ein Auto aus, dessen Reifen ein starkes Profil hat. Dieses wird in eine flache Schale mit Fingerfarbe getaucht. Dann lässt das Kind das Auto mit dem bunten Fingerfarben-Reifen über das Papier fahren. Der Reifen hinterlässt sein Reifenprofil. In verschiedene Farben eingetaucht, wird es ein interessantes Farbenspiel.

„Bunte Regentropfen"

Das Kind taucht nur die Kuppe des Zeigefingers in die vorbereiteten Farbtöpfe mit Fingerfarben, um sie dann auf das Papier zu drücken. Nach und nach entstehen so viele bunte Regentropfen.

Für alle Farbaktionen gilt:

- Geben Sie den Kindern viel Raum und Zeit zum Experimentieren nach eigener Fantasie und individueller Entwicklung!
- Nehmen Sie nur ein oder zwei Kinder für diese Angebote. Da Krippenkinder noch sehr spontan reagieren und agieren, sollten Sie sich selbst und die Kinder nicht mit einer zu großen Gruppe überfordern.
- Die Erfahrung von Farben mit und über den Körper ist im Krippenalter besonders wichtig! Zum Experimentieren mit Farben sollten erst später breite Pinsel angeboten werden.
- Bei Angeboten, wo gematscht und gemalt wird, ist es sinnvoll, den Kleinen Malerkittel oder auch Mülltüten überzustreifen, in die für Arme und Kopf zuvor ein Loch geschnitten wurde.

Rot zu rot und blau zu blau ...
– Sortierspiel nach verschiedenen Aufgaben –

Früh übt es sich, wer im späteren Leben Ordnung halten möchte ... Die Zuordnung der verschiedenen Farben macht Freude und schult gleichzeitig die Wahrnehmung und Selbstkontrolle, wenn eine Farbe falsch zugeordnet wurde.

Alter: ab ca. 1½ bis 2 Jahren
Material: durchsichtige Plastikkästen, viele kleine Plastikbälle in verschiedenen Farben (aus einem vorhandenen „Bällchenbad" nehmen oder kleine Reklame-Plastikbälle von Auto- oder anderen Firmen)

Die durchsichtigen Plastikkästen werden auf den Boden gestellt. In jedem Kasten befindet sich ein andersfarbiger Plastikball. Ein großer Korb mit weiteren Plastikbällen steht daneben. Nun sollen die Bälle aus dem Korb mit den entsprechenden Farben in die richtigen Plastikkästen zugeordnet werden.

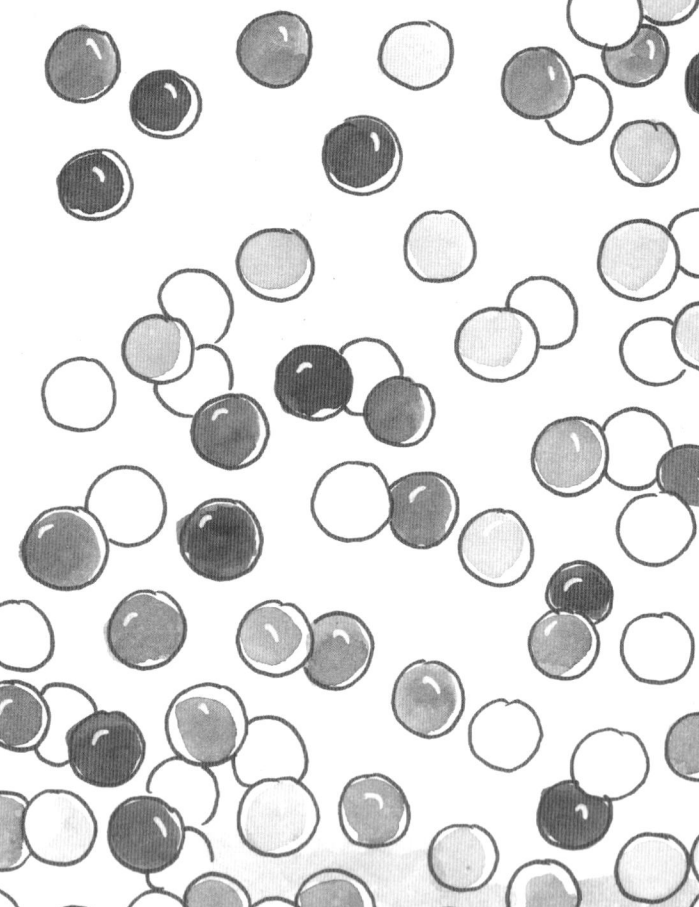

Variante

Die Plastikbälle durch eine schräg gestellte Pappröhre rutschen lassen. Ein Kind steckt den Ball in die Röhre, das andere schaut nach, wo der Ball rauskommt und sammelt ihn wieder ein.

Wenn im Raum genügend Platz ist, können die sortierten Bälle aus den Kästen dann zum Schluss vom Kind ausgekippt und dann wieder einsortiert werden, wenn es das möchte. Lautes Juchzen und Freude bereitet es auch den Kindern, wenn der Erwachsene am Ende die Bälle aus den Kästen auf die Kinder „regnen" lässt, indem er sie über den auf den Boden sitzenden Kindern auskippt.

Hinweis: Die Kinder über das Vorhaben vorher informieren, damit sie sich nicht erschrecken. Es ist auch okay, wenn ein Kind sich das Spiel zunächst als „Zuschauer" ansieht. Das Herunterfallen der Bälle auf den Körper bedeutet eine taktile Wahrnehmung, die manche Kinder nicht mögen, da sie diesen Reiz noch nicht adäquat zuordnen können.

Alles hat seine Ordnung ...
Kinder haben ihre ganz eigene „Ordnung", wenn sie ihr Kinderzimmer aufräumen sollen. Das hat nicht nur etwas mit ihrem individuellen Entwicklungsstand zu tun, sondern auch mit ihrer persönlichen Wahrnehmung. Spielerisch kann diese Wahrnehmung mit den Gegenständen aus der eigenen Erlebniswelt des Kindes geübt werden. Während beim Aufräumen und Ordnung halten die Erwachsenen und Kinder kontroverse Ansichten zeigen, machen die hier aufgezeigten Wahrnehmungsspiele einfach nur Spaß und haben dazu noch einen Lerneffekt.

Naturmaterialien im Setzkasten sortiert ...

Als einen wahren Schatz empfinden die Kinder einen Behälter, der mit unterschiedlichsten Materialien gefüllt ist und in dem sie nach Herzenslust stöbern können. Diese Dinge zu entdecken und zu befühlen ist für alle ein Erlebnis. Ältere Kinder lieben es, diese Dinge z.B. in einem Setzkasten zu sortieren.

Alter: ab ca. 2 Jahren
Förderung: visuelle Wahrnehmung, Erkennen und zuordnen von gleich aussehenden Dingen, Üben des Pinzettengriffs
Material: 1 größerer Behälter (Holzkasten oder Schuhkarton) mit Naturmaterialien (Steine, Federn, Baumrinde und Blätter ...) oder diverse gesammelte Dinge vom Meer (verschieden große Muscheln, Steine, Hölzer ...), 1 Setzkasten, evtl. Pinzette oder Zuckerzange

Verschiedene Muscheln usw. von der Urlaubsreise oder andere Naturmaterialien werden in einen größeren Behälter gelegt. Die Kinder sitzen vor einem Setzkasten. In jedem Kästchen liegt bereits ein bestimmtes Teil. Nun gilt es, das gleiche Teil aus dem großen Kasten in das entsprechende Fach des Setzkastens zuzuordnen. Dabei sollen die Kinder den **Pinzettengriff** (zugreifen mit dem Zeigefinger und dem Daumen einer Hand) benutzen.

Hinweis: Beschäftigen sich ältere Kinder mit diesem Angebot, können Sie ihnen eine kleine Zuckerzange oder eine Pinzette geben. Das Zuordnen damit fordert vom Kind dann noch mehr Geschicklichkeit.

Variante
Ebenso wie Naturmaterialien können kleine Spielzeugteile (Legos, Playmobilmännchen, kleine Holztiere o. Ä.) im Setzkasten einsortiert werden.

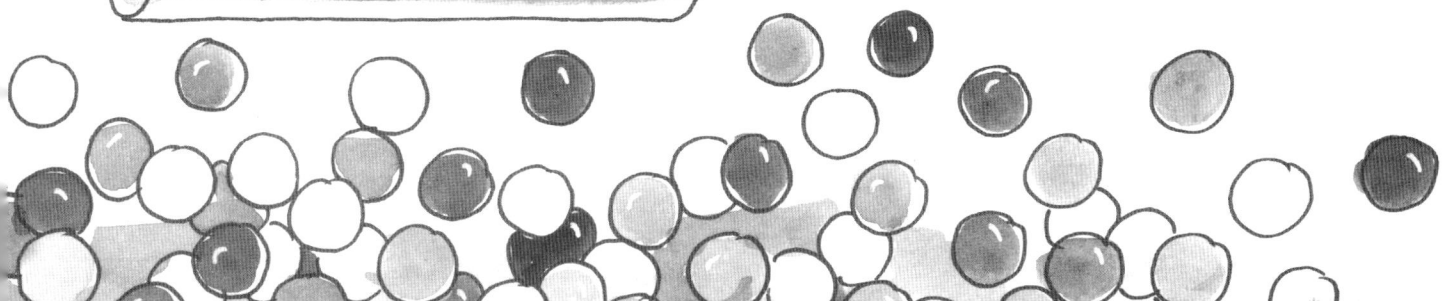

Die Schmierseifenstraße

Eine ganzheitliche Körpererfahrung bietet die „Schmierseifenstraße". Sie erfordert vom Erwachsenen Mut und gute Beobachtungsgabe, damit den Kleinen bei ihren ersten Erfahrungen mit der Schmierseife nichts passiert.

Alter: ca. 2 Jahren
Anzahl: 2 Kinder pro 1 Erwachsener
Material: stabile Plastikfolie, Schmierseife, viel freier Raum zum Auslegen der Folie und ein Waschraum oder Badezimmer in nächster Nähe.

Ein Flur, ein Teil des Zimmers oder ein Waschraum wird mit stabiler Plastikfolie ausgelegt und darauf Schmierseife verteilt. Wenn die Kinder sich ausgezogen haben, dürfen sie darauf krabbeln, rutschen oder auch andere Kinder mit der Schmierseife einreiben, um so möglichst vielfältige Körpererfahrungen zu sammeln.
Wenn der Spaß am Tun bei den Kindern nachlässt, werden sie abgeduscht und mit dem Handtuch kräftig abgerubbelt, um sie dann wieder anzuziehen.

Hinweise:
- Der Raum, in dem die Aktion stattfindet, sollte gut temperiert sein, damit die Kleinen sich nicht erkälten. Eine wärmere Jahreszeit zu wählen, wäre aus Erkältungsgründen sinnvoll.
- Pro Erwachsener können höchstens zwei Kinder beaufsichtigt werden (vor allem beim 1. Mal)
- Im Stehen besteht Rutschgefahr, deshalb die Kinder lieber krabbeln, robben oder rutschen lassen. Praktisch und rutschfrei sind auch Stoppersocken, die die Kleinen anziehen und für diese Aktion extra mit in die Kita bringen.
- Diese Aktion lässt sich auch im Sommer auf einer Wiese durchführen.

Auf und zu und auf und zu ...

Schlüssel und Schlösser üben auf kleine Kinder einen großen Reiz aus. Das Spiel mit dem Autoschlüssel und/oder dem Schlüsselbund von Mama und Papa gehören zu den liebsten Beschäftigungen von Kleinkindern.

Alter: ab ca. 2 Jahren
Material: Vorhängeschlösser mit unterschiedlichen Bügellängen (aus dem Baumarkt), Geldkassette mit Schlüssel, einfache Buntbartschlösser mit passenden Schlüsseln von alten Vitrinen oder Schränken (preiswert beim Antiquitätenhändler oder auf dem Flohmarkt)
Tipp: Die Eltern der Kinder auf alte Schlösser mit Schlüssel ansprechen.

- Bieten Sie jedem Kind zunächst ein Schloss und den passenden Schlüssel an. Geben Sie den Kindern Zeit damit zu experimentieren. Vielleicht machen Sie einmal vor, wie ein Schloss zu öffnen und wieder zu schließen ist. Beobachten Sie, wie geschickt und vielleicht schon überlegt die Kinder mit den Materialien hantieren.
- Dann legen Sie z. B. jeweils zwei Schlösser mit den passenden Schlüsseln hin und lassen die Kinder ausprobieren, welcher Schlüssel zu welchem Schloss passt. Erst langsam steigern Sie die Anzahl, damit die Kinder nicht verwirrt werden und ihre Erfolgserlebnisse haben.

Wäscheklammern

Wäscheklammern sind in jedem Haushalt zu finden. Plastikwäscheklammern faszinieren Kinder nicht nur durch ihre Farben, sie können im Spiel auch multifunktional eingesetzt werden.

Alter: ab ca. 2 Jahren
Material: viele unterschiedliche Plastikwäscheklammern, durchsichtige Plastikgefäße
Tipp: Beziehen Sie die Eltern der Kinder mit ein und lassen Sie sich Wäscheklammern von den Familien mitbringen!

Nachfolgende Möglichkeiten bieten sich zum kreativen Spiel mit Wäscheklammern an:

- Die Kinder individuell mit den Klammern experimentieren lassen.
- Eventuell Denkanstöße geben: eine „Schlange" aus Wäscheklammern legen (hintereinander auf den Fußboden legen).
- Wäscheklammern in große, durchsichtige Gefäße fallen lassen und beobachten, wie sie hineinfallen.
- Sortieren nach Farben: Verschiedene Körbe oder Kartons stehen auf der Erde, in jedem Behältnis ist eine andersfarbige Wäscheklammer. Die Kinder sollen nun aus einem vor ihnen liegenden Berg an Wäscheklammern die entsprechende Farbe in das passende Körbchen füllen.

- Verkaufsspiel: Wäscheklammern in kleine Plastiktüten oder Papiertüten legen und „Verkaufen" spielen.
- Die Wäscheklammer mit dem „Pinzettengriff" öffnen und wieder schließen. An den Pullover oder das Hosenbein des Kindes klammern. Kind soll wieder öffnen und umgekehrt.
- Wäscheklammern mit dem Pinzettengriff an einen Topf klammern.
- Die Wäscheklammern dazu nutzen, Decken oder Tücher über Kisten, Stühle usw. als „Dach" oder „Versteck" anzuklammern. (Das Kind lernt dabei neben der Spielfreude, die es zeigt, auch den Nutzen von Wäscheklammern kennen.)
- Kinder ahmen gerne die Tätigkeiten der Erwachsenen nach. Lassen Sie sie zum Beispiel Puppenwäsche an eine Wäscheleine klammern.
- „Wäscheklammerigel": Ein Kind liegt bäuchlings auf einer Matte und lässt sich „Igelstachel" aus Klammern an die Kleidung klammern.

Hinweis: Für das Üben des Pinzettengriffs (Daumen und Zeigefinger zusammendrücken) eignen sich besonders gut Wäscheklammern mit möglichst breiter Grifffläche und längerem Hebel zum Auf- und Zudrücken.

Ideen zur Sensibilisierung der Hände
Um die Fingerbeweglichkeit, die Geschicklichkeit und allgemeine Wahrnehmung zu fördern, bieten sich vielfältige Aktivitäten mit den Händen an. Dazu gehören alle Dinge aus dem lebenspraktischen Bereich zu Hause wie in der Krippe. Ebenso das Hantieren mit Wasser oder mit selbstgemachter Fingerfarbe, Knete oder Salzteig. Schaffen Sie Ihrem Kind Raum und Zeit zum Experimentieren und Sie werden über Engagement und Ausdauer erstaunt sein! (siehe auch unter „Massagen", S. 37ff)

Bunter Handabdruck

Dieses bewusste Finger-Farb-Erleben ist eine sinnvolle Ergänzung zu den Angeboten „Fühlen, matschen, kneten ... (S. 81) und „Alle meine Fingerlein" (S. 69)

Alter: ab ca. 2 Jahren
Material: 1 Tischunterlage oder Zeitungspapier, 1 breiter Pinsel, Fingerfarben auf kleinen Tellern oder in Schälchen, 1 Glas mit Wasser, 1 Malerkittel, Papier für den Handabdruck

Ein Erwachsener und ein Krippenkind agieren zusammen. Das Kind bekommt einen Malerkittel angezogen. Auf dem Tisch liegt eine Unterlage, auf der ein Gefäß mit Wasser, Fingerfarben auf kleinen Tellern, ein Pinsel und ein Blatt Papier vorbereitet sind.
Der Erwachsene hält die Hand von dem Krippenkind im Handgelenk fest, taucht den Pinsel in die Fingerfarbe und malt nun nacheinander zu nachfolgendem Vers die einzelnen Finger an:

Das ist der Daumen dick und rund,
ist ein braver Schäferhund.
    Den Daumen anmalen.

Zeigefinger ist ein stolzes Pferd,
ist bei allen sehr begehrt.
    Zeigefinger anmalen.

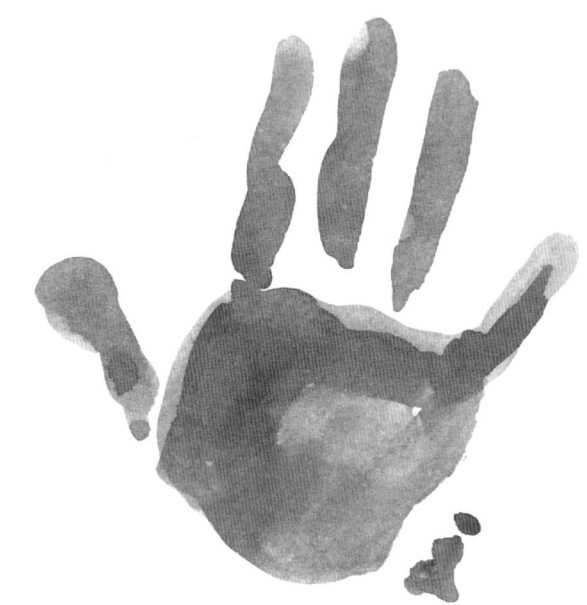

Mittelfinger ist die bunte Kuh,
die macht immer „muh, muh, muh"!
    Mittelfinger anmalen.

Ringfinger ist der Ziegenbock
mit dem langen Zottelrock.
    Ringfinger anmalen.

Und dies kleine Fingerlein
soll einmal mein Lämmlein sein.
    Kleinen Finger anmalen.

Tierlein, Tierlein, hopp, hopp, hopp,
laufen immer im Galopp.
Laufen in den Stall hinein,
    Handfläche anmalen
denn es soll nun Abend sein.
    Bei der letzten Zeile des Textes werden alle 5 Finger auf das vor dem Kind liegende Blatt Papier gedrückt, wobei der Erwachsene darauf achten muss, dass die Finger kurz auf dem Blatt ruhen und nicht gleich wieder vom Kind weggezogen werden.

Hinweis: Den Kleinen wird das Handeln erleichtert, indem die freie Handfläche des Erwachsenen noch einmal mit Nachdruck auf den Handrücken des Kindes gedrückt wird.

Das Hände-Guckloch-Spiel
Welche Hand gehört zu wem?

Wie aufmerksam betrachten wir unsere Freundin oder unseren Freund? Können wir sie/ihn an den Händen erkennen? Das „Hände-Guckloch-Spiel" ist ein Riesenspaß für die Krippengruppe. Das Publikum hat genauso viel Freude beim Zuschauen wie die Akteure selbst.

Alter: ab ca. 2 Jahren
Material: 1 großes Bettlaken mit ca. 4 bis 8 eingeschnittenen runden Löchern

Zwei Erwachsene halten das Bettlaken jeweils an den Seiten straff gespannt. Die Gruppe sitzt vor dem Laken, damit sie nicht sieht, wer später seine Hände durch die Löcher steckt. Dann werden zunächst zwei Kinder bestimmt, die sich hinter das gespannte Laken stellen und ihre Hände durch jeweils ein Loch stecken sollen. Nun darf ein Kind aus der Gruppe zum Laken kommen und einer durchgesteckten Hand „Guten Tag!" sagen. Danach soll es den Namen des Kindes benennen, dem diese Hand gehört.

Abwarten können, ohne sich vorher selbst zu verraten, ist für junge Kinder sehr schwierig. Deshalb sollte man zunächst die älteren Kinder aussuchen, die sich dann hinter das Laken stellen.

Hinweis: Dieses Spiel eignet sich ebenfalls gut, auf einem **Kindergeburtstag** durchzuführen oder auch auf einer **Familienfeier**, wo dann die Erwachsenen mitspielen, die ihre kindliche Spielfreude dabei wiederentdecken können.

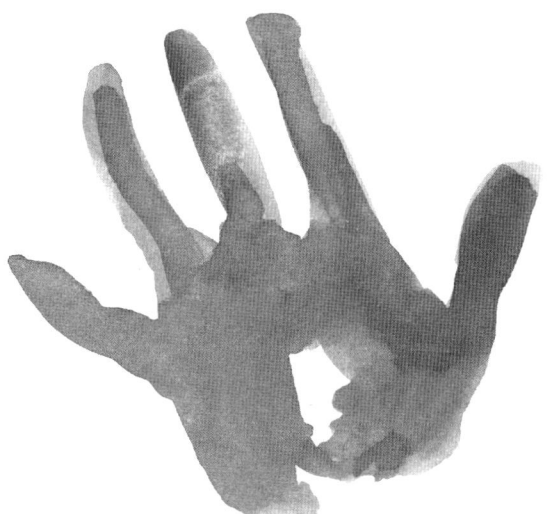

Stein auf Stein

Steine üben auf Kinder einen besonderen Reiz aus. Die verschiedensten Spielideen können damit umgesetzt werden. Wahrnehmung, Fantasie und Spielfreude werden gleichermaßen aktiviert.

Alter: ab ca. 2½ Jahren
Material: diverse verschieden große Steine mit den unterschiedlichsten Merkmalen

Ideensammlung

- Steine in einem Säckchen aus Stoff fühlen und das Gefühlte verbalisieren.
- Spiel mit zwei Steinen (siehe unter „Sprich mit mir!", „Zwei Steine machen poch, poch, poch ...", S. 53)
- Steine in einen durchsichtigen Behälter (in eine große Plastikdose oder einen Plastikbehälter mit einem Schlitz) fallen lassen.
- Steine durch ein Rohr rutschen lassen und am Ende mit den Händen oder in einem Eimer auffangen (möglich ist auch ein dicker, durchsichtiger Plastikschlauch oder ein Trainagerohr).
- Balancieren eines Steins auf der Handinnenfläche und damit durch den Raum gehen. Dasselbe auf dem Handrücken.
- Steine zu einem Berg stapeln. Wann rutscht er zusammen. Dasselbe zu zweit oder mit mehreren Kindern (ab ca. 2½ Jahren, da Rücksichtnahme erforderlich und große Geschicklichkeit dafür notwendig ist).
- Gemeinsam mit der Gruppe eine „Straße" legen (die Steine nacheinander hintereinander zu einer Schlange legen).
- Steine nach bestimmten Merkmalen in Kartons oder durchsichtigen Kästen sortieren (nach Größe, Form, Farbe ...).
- Im Turnraum: Jedes Kind steht bei seinem Stein, der auf dem Boden liegt (an seiner „Insel"). Die Musik wird angestellt. Während die Musik spielt, laufen alle Kinder um die „Inseln", ihre Steine, herum. Stoppt die Musik, stellt sich jeder wieder an seine „Insel". Findet jedes sie wieder? Mehrmalige Wiederholungen.

- Im Turnraum: Jeder läuft nur um seine „Insel", seinen Stein, herum. Jeder hüpft im Schlusssprung vorwärts und rückwärts darüber.
- Steine mit Fingerfarben anmalen. Eventuell können die älteren Kinder den angemalten Stein als „Käfer" mit Augen ausgestalten. Sonst eignet sich ein bunt angemalter Stein auch hervorragend als „Briefbeschwerer" für Papas oder Mamas Schreibtisch (eventuell die Farbe mit Lack haltbar machen).
- Den Steinen ein Gesicht malen und sie als sprechende Puppen zum Rollenspiel einsetzen (eventuell Wollhaare ankleben ...).

Hinweis:
Bei allen Aktivitäten mit den Steinen ist **Vorsicht geboten!**

Kinder sind sehr spontan, deshalb ist es wichtig, dass Sie immer wieder an die Regeln erinnern:
- **Die Steine nicht werfen.**
- **Jedes Kind ist selbst für seinen eigenen Stein verantwortlich.**

Halten Sie die Kindergruppe bei diesen Aktivitäten klein, damit Ihnen der Überblick nicht verloren geht.

Foto-Memory

Wenn Krippenkinder sich selbst auf Fotos wiedererkennen, ist das ein großer Fortschritt in ihrer Entwicklung! Wenn aber die dem Krippenkind bekannten Gesichter der Gruppe ebenfalls unter den auf dem Tisch liegenden Fotos erkannt werden, ist die Freude noch größer und der Weg zum gemeinsamen Gesellschaftsspiel gebahnt.

Alter: ab ca. 2½ Jahren
Material: jeweils 2 Fotos von jedem Kind auf Karton gezogen und evtl. laminiert.

Vorbereitung: Die Spielleitung fotografiert im Vorfeld die Kinder und entwickelt von jedem Kind zwei Fotos, die sie dann auf Karton klebt und evtl. zur besseren Haltbarkeit noch laminiert.

Alle Fotos werden auf dem Tisch verteilt und jedes Kind sucht zunächst seine eigenen Fotos heraus. Wo bin ich? Wo ist das zweite Foto von mir?
Nach und nach werden verschiedene Aufgaben gestellt:
Such das Foto deiner Freundin heraus. Namen der Kinder können genannt werden usw.
Auf diese Weise machen sich die Kinder zunächst nur mit den neuen Fotos vertraut. Erst, wenn sie das Wiedererkennen der bekannten Personen beherrschen, kann mit dem eigentlichen Memory-Spiel begonnen werden.

Spielanleitung
Alle Fotos mischen und mit dem Bild nach unten auf der Tischfläche verteilen. Ein Kind beginnt und deckt nacheinander zwei Karten auf. Sind es jeweils die gleichen, darf es noch einen weiteren Versuch starten und die gleichen behalten. Wenn es nicht das richtige Paar aufgedeckt hat, kommt das nächste Kind an die Reihe. Es wird so lange gespielt, bis alle Foto-Paare aufgedeckt sind.

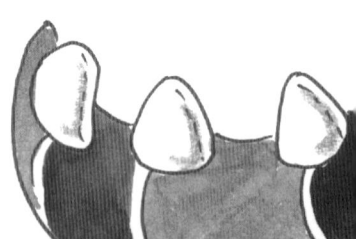

Rituale im Alltag

Wir alle nutzen Rituale im Tagesablauf, aber selten machen wir sie uns bewusst. Gerade für Kleinstkinder sind sie besonders wichtig, denn sie strukturieren die Zeit, den Tagesablauf, das Leben.

Es geschieht immer wieder das Gleiche: Menschen begrüßen und verabschieden sich, sie essen, sie schlafen und arbeiten. Für kleine Kinder ist alles neu und aufregend. Erst nach und nach entwickeln sie ein Gefühl für Zeit und Rhythmus.
Rituale im Tagesablauf können helfen, zeitliche und soziale Abläufe besser zu verstehen.

Wiederkehrende Ereignisse geben dem Kleinstkind Sicherheit und Orientierung.

Ein Ritual läuft immer nach dem gleichen Schema ab, bietet zudem Raum für Spontaneität und Veränderung. Sinnvolle Rituale wachsen mit, ohne zu erstarren oder zu blockieren. Zum Beispiel kann dem einen Kind das Schmusetuch oder der Teddy beim Einschlafen wichtig sein, es wird gestreichelt und bekommt einen Gute-Nacht-Kuss. Eines Tages braucht das Kind kein Schmusetuch mehr, wartet aber noch auf den Gute-Nacht-Kuss ...

Rituale bieten auch Verlässlichkeit und Vorhersehbarkeit.

.
Sie bedeuten für kleine Kinder Orientierung und Halt Dadurch lernen sie, sich auf anstehende Veränderungen einzustellen:
* „Jetzt gibt es Frühstück",
* „das Winken am Fenster zum Abschied",
* „kommt alle zum Stuhlkreis" (in der Krippe),
* das „Wickeln",
* das Spielen im Freien,
* das Mittagessen und das Abholen um eine bestimmte Zeit ...,
um nur einige zu nennen.

Eine Vielfalt von Möglichkeiten bieten auch:
* Fingerspiele,
* Verse zur Begrüßung, zum Essen oder zum Abschied,
* Kniereiterspiele,
* Wickelverse,
* Lieder oder Gesten wie das „Winken am Fenster" zum Abschied.

Das Spiel mit der Nähe

Körperspiele, Wickelverse und Kniereiterspiele sind Balanceakte, was die Nähe der Partner, in diesem Fall den Erwachsenen und das Kind, betreffen. Wir müssen sehr sensible Antennen haben, um zu spüren, wann und in welcher Form ein kleines Kind oder das Baby bereit ist, sich auf unsere „Spielchen", auf unsere „Nähe", einzulassen.

Vielfältige Erfahrungen in der Praxis zeigen, dass kleine Kinder sich ihre Vertrauensperson ganz bewusst und ganz gezielt aussuchen und dann nur von dieser einen oder diesem einen gewickelt oder auch getröstet werden wollen.

Diese Grenzsetzung, die beim Kind intuitiv und sehr emotional erfolgt, sollte unbedingt akzeptiert und toleriert werden.

Wickelverse

Wenn ein erster Kontakt zum Kind hergestellt ist, ist das Wickeln eine gute Gelegenheit für körperbetonten Spielspaß und dient zum Aufbau von Vertrauen.

Nehmen Sie feinfühlig wahr, wie sich das Kind dabei fühlt, denn gekitzelt oder massiert zu werden, ist nicht jedermanns Sache. Manche Kinder tun sich mit körperlicher Nähe eventuell schwer. Also nur das mit dem Kind tun, was ihm offensichtlich Freude bereitet.

Die Maus auf der Treppe

Alter: ab 6 Monaten

Kommt eine kleine graue Maus
ganz leise jetzt die Treppe rauf.
   Zeige- und Mittelfinger laufen vom Bauch des
   Kindes bis zur Brust.

Sie krispelt, sie kraspelt
 ganz flink und munter,
   Das Kind mit zwei Fingern vorsichtig kitzeln.
dann läuft sie wieder die Treppe hinunter.
   Zeige- und Mittelfinger laufen von der Brust
   wieder zum Bauch hinunter.

Streicheleinheiten für den Bauch

Alter: ab 6 Monaten

Ich streichle deinen kleinen Bauch,
du lachst, denn das gefällt dir auch.
   Bauch des Kindes vorsichtig streicheln.
Ich ziehe deine Hose aus –
da kommen schon die Beine raus
   Hose langsam ausziehen.
mit deinen kleinen Füßen dran,
die ich doch so schön kitzeln kann.
   Kind unter den Füßen kitzeln,
   dann dem Kind die Windel wechseln.

Schon fertig!
Ich streichle deinen kleinen Bauch,
du lachst, denn das gefällt dir auch.
   Kreisende Bewegungen mit der flachen Hand
   auf dem Bauch machen.

Tut, tut, ein Auto kommt

Alter: ab 9 Monaten

Tut, tut, das Auto kommt,
tut, tut, das Auto kommt,
> Die Faust fährt als „Auto" über die Körperteile.
ein Auto kommt schnell angefahrn,
hat keine Pferdchen vorne dran,
> Schneller fahren.
tut, tut, das Auto hält.
> Die Faust in der Bewegung stoppen.

Jetzt fährt es eine Strecke,
dann biegt es um die Ecke.
> Geradeaus und dann eine Kurve fahren.
Das Auto kommt jetzt angefahrn,
tut, tut, das Auto hält.
Die Faust bleibt auf dem Bauch liegen.

Regentropfen

Alter: ab 9 Monaten

Hörst du sacht die Regentropfen
leise an die Fenster klopfen?
> Die Fingerspitzen berühren wechselweise den
> Bauch.

Regnet's doll, wirst du ganz nass
und das macht dir keinen Spaß.
> Mit den Handflächen auf dem Bauch hin und
> her reiben.

Zieh schnell deine Hosen an,
damit dir der Regen nichts anhaben kann.
> Wickeln und die Hosen anziehen.

Versteckspiel der Maus

Alter: ab 9 Monaten

Krabbelt eine kleine Maus
aus dem Mauseloch heraus.
> Zwei Finger laufen vom Bauch zur Brust und
> zurück.
Krabbelt rein – krabbelt raus,
> Kreisbewegungen auf dem Bauch machen.
deine Hose zieh ich aus!
> Bei „aus" die Hose herunter ziehen.

Käferspaziergang

Alter: ab 1 Jahr

Es war einmal ein Käferlein,
das geht spazieren ganz allein.
> Zeige- und Mittelfinger wandern über die
> Arme, Beine und andere Körperteile
Es schaut sich um in allen Ecken,
ob andre Käfer sich verstecken.
> Die Finger „krabbeln" unter die Achseln des
> Kindes oder unter die Füße.
Da kommt ein zweiter angelaufen
und will mit unserm Käfer raufen.
> Die zweite Hand krabbelt mit Zeige- und
> Mittelfinger im Wechsel wie die erste Hand
> über den Körper.
Nun spielen beide lustig Fangen,
bis sie auf einen Berg gelangen.
> Beide Käfer „krabbeln" auf dem Körper hin und
> her.
Dort ruhen sich jetzt beide aus
und gehen als Freunde dann nach Haus.
> Beide „Käfer" bleiben jetzt auf dem Bauch sit-
> zen, strecken ihre „Beine" (Finger) aus und
> bleiben kurze Zeit auf dem Bauch liegen.

Kniereiterspiele

Kniereiterspiele gibt es schon seit Generationen und haben für das Kleinkind wie für den Erwachsenen nicht an Reiz verloren. Hier übt es sich im „Spiel zu zweit", es baut engen Kontakt zur Bezugsperson auf und erfährt gleichzeitig, wie viel Freude das gemeinsame Spiel macht. Seine Aufmerksamkeit wird geschult, indem die sich ständig wiederholenden rhythmischen Verse zur Sprachbildung beitragen. Das alles in eine Bewegungsform mit direktem Körperkontakt zur Bezugsperson eingeschlossen, bedeutet für das Kleinkind viel Spaß mit einem großen Lerneffekt.

Alter: ab 9 Monaten

Seht dort die Tiere ...

Das Kind sitzt bei dem Erwachsenen auf den Knien und wird an den Händen festgehalten.
Wenn du reitest hopp, hopp, hopp,
reiten wir schnell im Galopp.
Mit den Beinen wie ein Pferd galoppieren.
Kriechen dann wie eine Schnecke
um die nächste Gartenhecke.
Ganz langsam das Kind von einem auf das andere Bein des Erwachsenen fallen lassen.

Hoppeln wie ein Hase
auf dem grünen Grase..
Die Beine gleichzeitig in kurzen Sequenzen rauf und runter bewegen.
Rennen wie ein Schwein
in den Stall hinein,
In noch kürzeren Sequenzen abwechselnd die Beine bewegen.
denn es soll nun Abend sein.
Kind einmal ganz fest in den Arm nehmen und an sich drücken.

Schnecke, Frosch und Hase

Schneck, Schneck, kleiner Schneck,
kommst ganz langsam nur vom Fleck.
> Das Kind ganz langsam von einem Knie zum
> anderen schaukeln.

Schau dir mal den Frosch dort an,
wie der so schön springen kann.
> Beide Knie gleichzeitig mehrmals anheben.

Und dort in dem Grase,
hüpft ein kleiner Hase.
> In kurzen Sequenzen beide Beine mehrmals
> anheben.

Nun sind sie alle drei zu Haus
und ruhen sich bei Mama aus.
> Kind einmal nach hinten fallen lassen oder in
> den Arm nehmen.

Auf der Leiter

Ein Mann steigt auf die Leiter
und hinterher ein zweiter.
> Knie abwechselnd langsam heben und senken.
Ganz plötzlich macht es bum,
da kippt die Leiter um.
> Kind einmal nach hinten fallen lassen.
Er stellt die Leiter wieder an,
damit er wieder klettern kann.
> Das Kind langsam von einem Knie auf das
> andere fallen lassen und von Neuem beginnen:

Ein Mann steigt auf die Leiter …

Auf dem Trampolin

Hoch springst du auf dem Trampolin,
so hoch – das geht so her und hin.
> Das Kind kräftig auf den Knien hoch hüpfen
> lassen.
Du lässt dich fallen, ruhst dich aus …
> (inne halten)
dann rennst du wieder aus dem Haus.
> Knie wechselseitig bewegen und den ganzen
> Vers wiederholen:

Hoch springst du auf dem Trampolin …

Im Zirkus ist was los

Im Zirkus ist was los,
hier amüsiert sich Klein und Groß:
Die Pferde galoppieren –
> Reitbewegungen machen.
Die Tänzer balancieren –
> Langsam das Kind auf den Knien und auf
> Zehenspitzen hin und her bewegen.
Die Elefanten stampfen,
dass ihre Füße dampfen –
> Mit den Füßen stampfen.
Und dieser bunte Clown
schlägt einen Purzelbaum.
> Kind nach hinten kippen und evtl. rückwärts
> drehen, dass es auf dem Fußboden landet.

Verse zur Begrüßung

Beginnt der Tag mit einer gemeinsamen Aktion in der Kita, wird ein Stuhlkreis begonnen oder eine Turnstunde – es ist wichtig, möglichst immer einen sich regelmäßig wiederholenden Vers an den Anfang als Signal zu setzen: „Jetzt beginnt etwas, dass wir alle gemeinsam tun wollen!" Auf spielerische Art bekommen Sie als ErzieherIn so die gewünschte Aufmerksamkeit und die Kinder üben sich in ihrer Wahrnehmung.

In der Kinesiologie hat das Reiben der Ohrmuschel eine besondere Bedeutung. Ein grundlegender Baustein in der Kinesiologie ist das uralte Wissen aus der chinesischen Energielehre um die Kräfte der Lebensenergie, die unseren Organismus und unser Wohlbefinden, sowie unsere geistige und körperliche Leistungsfähigkeit im Gleichgewicht halten.
Beim sanften Reiben beider Ohrmuscheln zwischen Daumen und Zeigefinger von oben nach unten werden dort die Energiebahnen aktiviert und somit Aufmerksamkeit und Sprechvermögen gesteigert.

Ohren spitzen

Die Ohren spitzen,
  An die Ohren fassen
gerade sitzen,
  Gerade hinsetzen und „Haltung" annehmen,
  Ohrmuscheln sanft zwischen Daumen und Zeigefinger von oben nach unten reiben.
sitzen bleiben.
  Die Ohrmuscheln wie oben weiter sanft reiben.
Nun hört gut her,
das ist nicht schwer!
  Jedes Wort der letzten Reihe rhythmisch mit klatschen begleiten

Aufgepasst!

Aufgepasst, die Ohren gespitzt,
ein jeder von euch gerade sitzt!
  Bei jedem Wort rhythmisch in die Hände klatschen
Reibt die Ohren, ihr werdet's sehn,
dann könnt ihr alles gut verstehn.
  Die Ohrmuscheln sanft zwischen Daumen und Zeigefinger von oben nach unten massieren.

Wir stampfen alle mit den Füßen

Wir stampfen alle mit den Füßen
und wollen uns jetzt so begrüßen.
  Alle Kinder stehen im Kreis und stampfen mit den Füßen auf den Boden
Hände klatschen: eins – zwei – drei
  3 x in die Hände klatschen
Aufgepasst, jetzt kein Geschrei!
Wir fassen uns jetzt alle an,
  Alle fassen sich an die Hände
weil man sich so begrüßen kann:
Guten Morgen!

Guten Morgen, hier im Kreise

Guten Morgen, hier im Kreise,
fasst euch an den Händen an,
   Alle fassen sich an
damit ein jeder hier im Kreise
„Guten Morgen" sagen kann.
   Die Hand des Nachbarkindes anheben und
   wieder senken

Guten Morgen, hier im Kreise,
guten Morgen, Groß und Klein,
   Die Hände zeigen nach oben (= groß), dann zu
   den Füßen (= klein)
spitzt jetzt aufmerksam die Ohren,
   Beide Ohrmuscheln sanft zwischen Daumen
   und Zeigefinger von oben nach unten massieren
hört gut zu, denn das muss sein.
Guten Morgen!
   Alle fassen sich wieder an, heben die Hände
   und senken sie wieder.

Wir starten: Eins – zwei – drei!

Zu dem langsam gesprochenen Text klatscht die
Spielleitung rhythmisch in die Hände. Die Kinder
versuchen mitzutun.

Jetzt wird nicht mehr still gesessen,
Langeweile ist vergessen.
Jeder von euch ist dabei,
und wir starten: eins – zwei – drei!
   Bei „und wir starten" wird auf die Oberschenkel geklatscht, bei „eins-zwei-drei" wieder in
   die Hände.

Variante

- Bei „eins – zwei" klettern alle auf ihren Stuhl,
  warten bis alle soweit sind, bei „drei" springen
  alle runter.
- Bei „eins – zwei" gehen alle in die Hocke, warten bis alle soweit sind, bei „drei!" springen alle
  als „Rakete" in die Luft.

Verse zu den Mahlzeiten

Die gemeinsame Mahlzeit hat im Leben von Krippenkindern eine besondere Bedeutung. Sie lieben es, zusammen am Tisch zu sitzen, gegenseitig ihr mitgebrachtes Frühstück zu betrachten und es dann zu verzehren. Sie lernen dabei nicht nur die Geselligkeit zu schätzen, sondern auch Kommunikation und Tischmanieren. Und vielleicht übt sich ein Kleinkind, das zu Hause nicht so gut isst, im Kreis seiner Spielkameraden etwas Neues auszuprobieren ... Deshalb ist es schön, wenn alle Kinder zur Aufmerksamkeit angehalten werden und lernen, dann erst anzufangen, wenn ein sich wiederholender Vers jeden Tag am Anfang einer Mahlzeit gesprochen wird.

Das Frühstück steht auf dem Tisch

Frühstück steht auf unserm Tisch
Brot und Möhren, Äpfel frisch.
Esst euch alle daran satt,
dass keiner danach Hunger hat.
Guten Appetit!
 Alle fassen sich bei den letzten Worten an den Händen an.

Achtung, wieder ist's soweit!

Achtung, wieder ist's soweit:
Wir haben alle Frühstückszeit!
Fasst euch an den Händen an,
damit ein jeder anfangen kann.
Guten Appetit!
 Alle fassen sich bei den letzten Worten an den Händen an.

Die Mittagsrunde

Jeden Tag zur Mittagsstunde
sitzen wir in dieser Runde,
fassen unsere Hände an,
damit ein jeder anfangen kann.
Guten Appetit!
   Alle fassen sich bei den letzten Worten an den
   Händen an.

Der Tisch ist gedeckt

Wieder ist es soweit:
Es ist Mittagszeit!
Der Tisch ist gedeckt,
dass es allen schmeckt.
Guten Appetit!
   Alle fassen sich bei den letzten Worten an den
   Händen an.

Das Krokodil

Die Spielleitung geht herum und ahmt mit den
Händen das sich öffnende Maul eines Krokodils
nach.

Ein riesengroßes Krokodil
das fraß und fraß unheimlich viel.
Doch das ess ich alleine,
geh weg, ich mach dir Beine!
   Die Kinder machen eine abwehrende Bewe-
   gung zum Krokodil
Guten Appetit!
   Alle fassen sich bei den letzten Worten an den
   Händen an.

Leise, leise Mäuschen

Leise, leise Mäuschen,
   Den Zeigefinger auf die Lippen legen
bleib in deinem Häuschen.
Wir essen unsern Teller leer,
da bleibt für dich kein Krümchen mehr.
   Mit dem Kopf schütteln und mit dem Finger
   eine „Nein- Bewegung" machen.
Guten Appetit!
   Alle fassen sich bei den letzten Worten an den
   Händen an.

Verse zum Abschied

Zu einem wichtigen Ritual gehört der Abschied. Der Anfang und das Ende müssen für das Krippenkind deutlich erkennbar sein. Ein gemeinsam gesprochener Vers gibt somit ein klares Signal: „Jetzt ist Schluss, ich werde abgeholt", auch wenn es oft schwer fällt, das Spiel mit dem kleinen Freund zu beenden, ist es doch hilfreich für das Kind und rundet den Krippentag ab.

Wir gehen nach Hause

Alle Kinder gehen nach Hause,
alle geben sich die Hände,
alle wünschen „guten Heimweg",
denn die Zeit ist nun zu Ende.
Auf Wiedersehen!
    Alle geben sich die Hände und verabschieden sich.

Die Spielzeit ist zu Ende

Die Spielzeit ist zu Ende,
wir reichen uns die Hände.
Wir sagen jetzt: „Auf Wiedersehen!"
Denn nun soll es nach Hause gehen.
Auf Wiedersehen!
    Alle winken einander zu.

Ich und du

Ich und du, du und ich,
    Auf sich selbst und auf ein Nachbarkind zeigen.
alle hier im Kreise.
    Auf alle Kinder im Kreis zeigen.
Groß und Klein, Klein und Groß,
    Die Hände zeigen nach oben (= groß), dann zu den Füßen (= klein).
wir sind jetzt ganz leise.
    Einen Finger auf die Lippen legen.
Atmen ein,
    Tief einatmen.
atmen aus, –
    Lange ausatmen.
unsre Stunde (Spielzeit) ist jetzt aus.
Auf Wiedersehen!
    Alle geben sich die Hände und verabschieden sich.

Verse zum Einschlafen

Wenn Kinder nach einem erlebnisreichen Tag zum Mittag oder zum Abend zur Ruhe kommen sollen, gelingt das mit einem gesprochenen oder gesungenen Vers als sich wiederholendes Ritual besser als mit einer Hörspielkassette oder einer Fernsehsendung, die erneut aufwühlt. Außerdem finden so **Zuwendung und Zärtlichkeit** zwischen dem Erwachsenen und dem Kind einen breiten Raum.

Der Mond am Himmel

Kannst du den Mond am Himmel sehen,
wo all die vielen Sternlein stehen?
Er hält am Himmel oben Wacht,
beschützt dich in der dunklen Nacht.
Er wünscht dir eine gute Ruh,
schlaf ein, mach deine Augen zu.
Gute Nacht!

Schließ deine Augen

Der lange Tag geht nun zu Ende –
    Über die Stirn des Kindes streichen.
schließ müde deine Augen zu.
    Über die geschlossenen Augen streichen.
Vorbei sind spielen, toben, lachen,
    Langsam über die Arme streichen.
schlaf ein und komm zur Ruh.
    Mit dem Finger das Gesicht umkreisen und
    dann die Handfläche mit leichtem Druck auf
    der Stirn des Kindes ruhen lassen.

Mittagsruhe in der Krippe

Alle Kinder gehen zur Ruhe,
alle Kinder schlafen ein.
Kuschelt euch in eure Betten,
Mittagsruhe soll jetzt sein.
Schlaft gut!

Mein Kuschelbett in der Krippe

Vom Spielen sind wir müde,
vom Essen sind wir satt.
Wie gut, dass jedes hier von euch
sein Kuschelbettchen hat.
Schlaft gut!

Wie gewinnen wir Eltern für unsere Ideen und unser Engagement für ihre Kinder?

Wenn Krippenkinder lange Zeit in einer öffentlichen Einrichtung verbringen, machen sich die dort tätigen Fachkräfte Gedanken, wie sie die Eltern trotz ihrer langen Abwesenheit in die Krippenarbeit einbeziehen können, damit sie im Alltag den Blick für ihre Kinder nicht verlieren.

Gemeinsam gelebte Freude
stellt Vertrauen und Bindung her.

Gemeinsame Aktionen stärken alle Beteiligten, die Fachkräfte genauso wie die Eltern und die Kinder. Jeder Einzelne spürt dabei das Interesse am anderen. Die Erwachsenen tauschen sich aus. Eltern erleben ihr Kind in der Gemeinschaft und können vielleicht sogar in einer gemeinsamen Aktion vom Alltagsstress entspannen. Doch **was** könnte das für eine Aktion sein? Und was noch viel schwieriger ist: Zu welchem Zeitpunkt können Eltern zu einer gemeinsamen Aktion gewonnen werden?

Zunächst eine kleine Ideensammlung für das „WAS":

- **Familienpicknick:**
  Am Anfang eines Kindergartenjahres bietet sich das „Familienpicknick" zum Kennenlernen der neuen Familien an. In ungezwungener Atmosphäre werden die Eltern mit ihren Krippenkindern und Geschwistern eingeladen, auf mitgebrachten Decken mit ihrem eigenen Picknickkorb auf dem Spielplatz der Kita zu campieren. Unterhaltung und Austausch zwischen allen Beteiligten ist angesagt. Die Krippenkinder – oft noch in der Eingewöhnungsphase – freuen sich, dass ihre Familien dabei sind. Die Eltern erleben ihr Kind mit aller Freude und auch den anfänglichen Unsicherheiten in ihrer neuen Umgebung. Die ErzieherInnen erleben den Umgang der Eltern mit ihrem Kind.

- **Rückenmassagen zum Abschied:**
  Wie verläuft ein Tag in der Krippe? Diese Frage wird oft gestellt. Lassen wir die Eltern doch daran teilhaben und stellen wir ihnen „Blitzlichter" zur Verfügung. Wir können ihnen kleine „Highlights" vermitteln, die sie als Idee mit nach Hause nehmen können. Zum Beispiel könnte das eine kleine Massage zur Entspannung sein, die am Ende des Krippentages mit einigen Eltern, die zum selben Zeitpunkt ihr Kind abholen, in einem ruhigen Raum praktiziert wird. Den Text dazu bekommen sie als Kopie mit nach Hause – in der Hoffnung, dass diese Idee dort wiederholt und somit beim Kind verinnerlicht wird.
  Kommen Eltern abgespannt und müde von der Arbeit zum Abholen in die Krippe, lernen sie dadurch vielleicht mit dem Kind abzuschalten. Einmal wöchentlich (vielleicht freitags?) würde genügen, und ein regelmäßig wiederholtes Ritual fällt nach einiger Gewöhnung auf fruchtbaren Boden ...

- **Ein kleiner Stuhlkreis zum Abschied mit den Eltern:**
  Die Verantwortlichen könnten vielleicht in regelmäßigen Abständen die Eltern zu einem gemeinsamen Stuhlkreis einladen. Die Kleinen, deren Eltern zugesagt haben, halten einen Platz für die Mama oder den Papa frei, es wird vielleicht ein Fingerspiel gespielt und ein jahreszeitlich passendes, einfaches Lied gesungen. Es reicht auch, wenn nur 3 – 4 Krippenkinder mit ihren Eltern, die gleichzeitig ihr Kind abholen, dabei sind. So können die Eltern beim gemeinsamen Tun die Freude ihrer Kinder erleben und gleichzeitig ihr Wissen erweitern, was ihren Kleinen gefällt und was sie schon können. Kinder, deren Eltern sich dazu keine Zeit nehmen können, sollten dann in einem anderen Raum betreut werden, damit sie nicht traurig sind. Wichtig ist, den Familien Hand-

zettel mit den Texten mitzugeben, damit sie die Spiele oder Lieder zu Hause wiederholen können.

- **Aktionstag im Turnraum:**
  Laden Sie die Eltern mal zu einer Turnstunde in die Krippe ein. Wahrscheinlich müssen die Kinder dann in zwei oder drei kleine Gruppen aufgeteilt werden, damit sich – je nach Größe des Turnraums – Eltern wie Kinder angemessen bewegen können. Lassen Sie die Eltern nicht nur Hilfestellung geben, sondern angemessen mitturnen. So ein „Aktionstag" findet in den Familien meist großen Zuspruch. Die Eltern können dabei wieder „ihr Kind" in sich entdecken und in den gemeinsamen Bewegungsaktionen Freude mit ihrem Kind und in der eigenen Bewegung erleben.

- **Treffen auf Elternabenden:**
  Ein schwieriges Thema! Welchen Inhalt soll der Abend haben? Haben die Eltern noch am Abend die Aufmerksamkeit, sich Vorträge mit „Erziehungsthemen" anzuhören? Viele sind von ihrem Berufs- und Familienalltag so erschöpft, dass sie nur schwer zu einem Abend in der Kita überredet werden können. Dann muss ein Babysitter besorgt werden, der – wenn es nicht gerade die Großeltern sind – auch noch bezahlt werden muss. Oft unüberwindbare Hürden! Manch einer stößt bei derartigen Planungen erheblich an seine Grenzen.
  Trotzdem möchte ich Mut machen, attraktive Elternabende in der Einrichtung anzubieten.
  Zum Beispiel:
  - Im **Herbst** stößt das Aushöhlen eines Kürbis zu einer Laterne immer wieder auf Resonanz bei den Eltern. Werden sie am Abend zu einer leckeren Kürbissuppe eingeladen, mit der sie das Team nach getaner Arbeit verwöhnt, können sie sich entspannt miteinander austauschen.
  - Im **Winter** können in der dunklen Jahreszeit Bratäpfel und Glühwein die Eltern in Stimmung versetzen und ihnen die Entspannung bieten, die sie sich nach einem anstrengenden Tag wünschen. Vielleicht

gibt es dazu die selbst gebackenen Kekse der Krippenkinder?
- Wie wäre es im **Frühjahr** oder im **Sommer** mit einem „Meeting" in der Krippe am Abend? Beziehen Sie engagierte Elternvertreter mit in die Planungen ein und erleichtern Sie sich somit die Arbeit!.
  Eine Mai- oder Sommerbowle wird vom Team vorbereitet. Für das leibliche Wohl sind die Eltern selbst verantwortlich, die kleine Portionen von dem mitbringen, was sie am besten kochen oder backen können. In einer ausgehängten Liste trägt jeder das ein, was er mitbringen möchte. Unterhaltung ist beim „Meeting" angesagt. Vielleicht auch ein kleines Spiel zur Auflockerung der Stimmung am Anfang. Glückt dieser Versuch, haben Sie viel zur Bindung der Eltern an die Kindertagesstätte beigetragen und gleichzeitig manch Persönliches von den Familien selbst erfahren.

Nun zu dem „WIE":

Das Problem ist und bleibt die **Zeit**. Das gilt für das Team der Kita genauso wie für die Eltern. Im Team haben außerdem die Flexibilität und die Größe des Teams eine Bedeutung. Nach einer arbeitsreichen Woche sind die ErzieherInnen oft genauso wenig motiviert außerhalb ihrer Dienstzeit eine Aktion zu starten wie die Eltern daran teilzunehmen.

Trotzdem möchte ich Mut machen, durch Gespräche oder verteilte Handzettel für die Familien in Erfahrung zu bringen, wann die günstigsten Zeiten zu gemeinsamen Aktionen in der Kita sind.

Entwerfen Sie einen Handzettel mit den individuellen Vorschlägen Ihrer Kita für die Eltern und warten Sie auf die Rückmeldungen. Sicher werden Sie mit Ihren Ideen nicht alle Familien erreichen, aber wenn nicht zum Anfang der Lebenszeit eines Kindes, wann dann?

Das kann „Krippe" leisten – eine persönliche Bestandsaufnahme

Beruflich wie privat habe ich inzwischen über Jahrzehnte Kinder heranwachsen sehen: Babys, Krippenkinder, Kindergarten- und Schulkinder sowie die eigenen Söhne und inzwischen auch Enkelkinder. Und immer mehr wird mir die Bedeutung und die besondere Rolle der Eltern bewusst. Sie sind und bleiben Dreh- und Angelpunkt, der Schlüssel für eine glückliche Kindheit, für Geborgenheit und Sicherheit.

Menschen sind „soziale Wesen" und sie gehören in die Gemeinschaft. Sie lernen voneinander und entwickeln sich nur so weiter. Wir sollten jedoch – gerade weil wir heute ganz anders im Berufsalltag und familiären Zusammenleben gefordert sind – unseren Blick auf die Bedürfnisse unserer Kinder lenken, ihnen einen Rahmen und ausreichend individuelle Begleitung bieten. Denn eine Frage sei an dieser Stelle noch erlaubt: Wie schnell müssen unsere Kinder heute „groß" werden, damit sie in unser Erwachsenenleben „passen"?

„Schenken" Sie Ihrem Kleinkind die Zeit, die es braucht!

Ich wünsche allen jungen Eltern die Möglichkeit der richtigen Entscheidung, wann sie ihr Kind „loslassen", um es in eine neue Gemeinschaft hineinwachsen zu lassen, die es auf dem Weg zu einer selbstbewussten, toleranten und glücklichen Persönlichkeit weiter begleitet. Denn wir alle sollten am Ende von uns sagen können: Je ne regrette rien! – Ich bereue nichts!

In diesem Sinne Ihre

Anhang

Alphabetisches Register

Achtung, wieder ist's soweit!. 99
Affenschaukel 15
Aktionen mit Flaschen und Dosen 77
Alle meine Fingerlein 69
Auf dem Trampolin. 96
Auf den Straßen unterwegs 27
Auf der Leiter. 96
Auf und zu und auf und zu 86
Aufgepasst! 97
Berg- und Talfahrt 18
Bettsuche einer kleinen Maus 46
Bienen summen, Frösche quaken 42
Bunter Handabdruck. 88
Das Frühstück steht auf dem Tisch. 99
Das Hände-Guckloch-Spiel 89
Das Karussell auf unserer Wiese 29
Das Krokodil. 100
Das Luftballonbett 76
Das Tastbrett 75
Der Mond am Himmel 102
Der Schaffner hebt den Stab. 30
Der Schneemann. 30
Der Tastweg 76
Der Tisch ist gedeckt. 100
Der Tütenkasper. 67
Der Zwerg auf dem Berg 63
Die fleißigen Hände und Füße. 41
Die Fliege Summsebrumm 67
Die Geschichte vom Pony Liese. 55
Die Hexe Rabulex und ihr Rabe. 34
Die hungrige Raupe 66
Die Krabbelkäfer 40
Die Maus auf der Treppe 93
Die Maus im Mauseloch 65
Die Mittagsrunde 100
Die schleichende Katze. 40
Die Schmierseifenstraße 86
Die Spielzeit ist zu Ende 101
Dreh dich, kleiner Kreisel 30
Ein Flugzeug am Himmel 69
Eisenbahn, Eisenbahn 29
Erst tröpfelt es. 66

Es ist Ostern. 43
Farbenspritzer 83
Fingerfarbe. 82
Foto-Memory. 90
Fühlen, matschen, kneten 81
Fünf kleine Enten 65
Geräuschebaum. 51
Geräuschemacher 50
Guten Morgen, hier im Kreise 98
Hoch am Himmel 28
Hörst du den Regen? 54
Ich und du 101
Im Zirkus ist was los 96
In unserem Häuschen 68
Käferspaziergang. 94
Klangreise. 51
Knete 82
Kommt ein Floh. 64
Können wir den Regen hören 54
Krabbelt einmal eine Maus 64
Kriecht hier eine Schnecke 63
Leise, leise Mäuschen 100
Mäusejagd 32
Mein Häuschen ist nicht gerade 64
Mein Kuschelbett in der Krippe. 102
Mit den Fingerchen. 64
Mittagsruhe in der Krippe 102
Naturmaterialien im Setzkasten sortiert 85
Ohren spitzen. 97
Papprollen 79
Pfützen springen. 42
Pinselfahrt zu den Fingern. 45
Pitsch und patsch 68
Rasierschaum – nicht nur für Papa. 79
Regentropfen klopfen. 66
Regentropfen. 94
Regenwetter 56
Rezepte zum Herstellen von Fingerfarbe,
Knete und Salzteig 82
Ri-ra-rutsch 32
Rollen, robben, rutschen, rennen ...
Was das ist? Du lernst es kennen! 20

Rot zu rot und blau zu blau 84
Salzteig. 82
Schließ deine Augen. 102
Schnecke, Frosch und Hase 96
Seht dort die Tiere 95
Seht mal her, das hier bin ich 16
Spaziergang durch den Frühlingswald 33
Spitzt eure Ohren!. 49
Steig ein, wir fahren los! 58
Stein auf Stein. 89
Steinspaziergang 52
Streicheleinheiten für den Bauch 93
Tanz der Tiere. 59
Tischtheater 62
Töff, töff, ein Auto kommt 18
Turnen mit kleinen Kissen 22
Tut, tut, ein Auto kommt. 94
Unglücksfall. 68
Verstecken spielen. 72
Von Regentropfen und Pferdegetrappel 55

Was tun wir denn so gerne? 25
Wäscheklammern 87
Wasserspiele mit Badeschaum. 74
Wasserspritzer 73
Wenn's regnet, werd ich nass 68
Wer möchtest du sein?. 60
Wer will fröhliche Kinder sehn? 26
Wie ein kleiner Gummiball. 19
Wie fühlt sich der Regen an? 54
Winter. 44
Winterspaziergang. 31
Wir gehen nach Hause 101
Wir sind heute von der Rolle 35
Wir stampfen alle mit den Füßen 97
Wir starten: Eins – zwei – drei!. 98
Wir verreisen, wer fährt mit?. 57
Wo seid ihr?. 17
Wortspiele mit Klangkugel. 56
Zwei Steine machen poch, poch, poch... 53

Literaturempfehlungen

Ahnert, Lieselotte: „Frühe Bindung", Reinhardt Verlag, München 2004

Ayres, A. Jean, Robbins, Jeff: „Bausteine der kindlichen Entwicklung", Verlag Springer, Berlin 2002

Baer, Udo; Frick-Baer, Gabriele: „Gefühlslandschaft Angst", Verlag Beltz, Weinheim 2009

Bergmann, Wolfgang: „Lasst eure Kinder in Ruhe!", Kösel-Verlag, München 2011

Dräger, Jörg: „Dichter, Denker, Schulversager", Deutsche Verlags-Anstalt, München 2011

Frank, Annegret: „Streicheln, Spüren, Selbstvertrauen", Ökotopia Verlag Münster 2003

Gerster, Petra, Nürnberger, Christian: „Worauf es bei Bildung wirklich ankommt", Rowohlt Verlag, Hamburg Reinbeck 2011

Koneberg, Ludwig und Förder, Gabriele: „Kinesiologie für Kinder", GRÄFE UND UNZER Verlag, Ganske Verlagsgruppe, München 2012

Nuber, Ursula: „Lass die Kindheit hinter dir", Campus Verlag, Frankfurt/M. 2009

Schore, Allan N.: „Affektregulation und die Reorganisation des Selbst", Klett-Cotta Verlag, Stuttgart 2007

Winterhoff, Michael: „Lasst Kinder wieder Kinder sein", Gütersloher Verlagshaus, Gütersloh 2011

Die Autorin • Die Illustratorin

Annegret Frank ist Erzieherin, Heilpädagogin und Yoga-Lehrerin für Kinder und Jugendliche. Sie lebt in Hildesheim, ist verheiratet und hat drei erwachsene Söhne und 3 Enkelkinder.

In ihrer beruflichen Laufbahn war Annegret Frank in vielen unterschiedlichen sozialpädagogischen Arbeitsfeldern tätig. Dazu gehörte die praktische wie leitende Tätigkeit in vorschulischen Einrichtungen genauso wie die freie Mitarbeit in der Evangelischen Familienbildungsstätte in Hildesheim, die Mitarbeit in der Förderung arbeitsloser Jugendlicher, die Tätigkeit als Lehrkraft in einer berufsbildenden Schule sowie die Arbeit in der Motopädie des Sprachheilzentrums in Bad Salzdetfurth. Über 12 Jahre bot Annegret Frank auf privater Ebene selbstständig Psychomotorikkurse an.

Anne Wöstheinrich, Dipl. Designerin, geboren in Beckum, studierte Illustration und Grafik-Design an der Fachhochschule Münster. Seit Jahren arbeitet sie als selbstständige Kinder-, Jugend- und Schulbuchillustratorin für verschiedene Verlage.